DIE KUNST
DES
𝔎rawattenbindens

Die Originalausgabe erschien 1827 in Paris
unter dem Titel „L'Art de mettre sa cravate".
Deutsch von Stefanie Jung

Impressum

HEEL-Verlag GmbH
Hauptstraße 354
5330 Königswinter 1
Tel. (02223) 23027
Fax (02223) 23028

Satz: the happy printer · Bonn
Schrift: Bodoni 8˙ Fraktur 14˙
Druck: the happy printer · Bonn · D. Arenz
Repro: Kuntzmann · Troisdorf
Buchbinderei: planbinding GmbH · Bonn

© 1992 by HEEL AG Schweiz
CH-8834 Schindellegi, Rämpferstraße 2
Printed in West Germany
ISBN 3-89365-268-X

Mr EMILE

Baron de l'Empesé.

DIE KUNST

DES

Krawattenbindens

AUF ALLE GEBRÄUCHLICHEN UND BEKANNTEN ARTEN

UNTERRICHTET UND ERKLÄRT

IN SECHZEHN LEKTIONEN

DEM WERK VORANGESTELLT IST EINE VOLLSTÄNDIGE GESCHICHTE DER
KRAWATTE VON IHREM URSPRUNG BIS ZUM HEUTIGEN
TAGE; RATSCHLÄGE ZUM GEBRAUCH VON KRAGEN, DER SCHWARZEN
KRAWATTE UND DER HALSTÜCHER

VON

BARON ÉMILE DE L'EMPÉSÉ

EIN UNENTBEHRLICHES WERK FÜR JEDEN FASHIONABLE

VERSEHEN MIT ZWEIUNDDREISSIG DEN TEXT ERLÄUTERNDEN
ABBILDUNGEN UND EINEM PORTRÄT DES AUTORS

*DIE KUNST DES KRAWATTENBINDENS IST
FÜR DEN MANN VON WELT, WAS FÜR
DEN STAATSMANN DIE KUNST DES DINERS-
GEBENS IST -*

Paris,

LIBRAIRIE UNIVERSELLE

RUE VIVIENNE 2, AN DER ECKE ZUR PASSAGE «COLBERT»,
UND ERHÄLTLICH BEI ALLEN KRAWATTEN-, KRAGEN- UND
HALSTUCHHÄNDLERN DER HAUPTSTADT, DIE EN VOGUE SIND.

1827.

VORWORT
Des Herausgebers

ODER

ANLAGE DES WERKES.

Niemand, dessen gewohnte Umgebung die Tuilerien, der Boulevard du Gand oder gar der ehrwürdige Jardin du Luxembourg sind, wird die *Kunst des Krawattenbindens* in ihrer Nützlichkeit anzweifeln. Keine Dame guten Stils wird diese bewiesene und fundierte Theorie in Zweifel ziehen, ist es doch ihr Ziel, den Mann von Welt von demjenigen zu unterscheiden, der es nicht ist. *

In der von ihm gewählten Inschrift sagt der Autor, daß «die Kunst des Krawattenbindens für den Mann von Welt ist, was für den Staatsmann die Kunst des Dinersgebens ist", aber die Krawatte ist nicht nur eine nützliche Vorbeugemaßnahme gegen Erkältungen, Halssteife, Blutandrang, Zahnschmerzen und andere Liebenswürdigkeiten gleicher Art, sondern sie ist auch ein wichtiger und verbindlicher Bestandteil der Bekleidung, der es in seinen verschiedenen Formen ermöglicht, den Träger kennenzulernen. Die Krawatte eines Genies gleicht nicht der eines Kleingeistigen, und es ist sicher, daß der Verfasser des *«Schafsfußes»* den Knoten seiner Krawatte nicht auf die gleiche Weise wie der Verfasser der *«Märtyrer»* anordnet. Vergleiche man doch das Erscheinungsbild des Auguste Hus mit dem Lamartines, und man wird sehen, welche bemerkenswerten Unterschiede zwischen der *klassischen* und der *romantischen Krawatte* bestehen. Wenn, wie Buffon sagte, «der Stil den ganzen Mann ausmacht», so können wir unsererseits sagen, daß die *Krawatte der Mann selbst ist.* Sie ist der Gradmesser seines Geschmacks in bezug auf Kleidung und Erziehung.

So wie die Vielfalt der Charaktere und Geister unendlich ist, müssen auch die Krawatten sehr verschieden sein.

Der Autor hat in seinem Werk zweiunddreißig verschiedene Möglichkeiten seine Krawatte zu binden, vorgestellt. Er bietet sie für jeden Geldbeutel, jede Gelegenheit, für alle Charaktere, ja für alle Bedingungen und Lebenslagen an.

Dem exakten Geist empfiehlt er die «*mathematische Krawatte*»; der begüterte Mann sollte die «*orientalische Krawatte*» tragen; die «*Byron*» hingegen kann nur von einem sehr kleinen Kreis unserer Dichter getragen werden. Haben Sie die Absicht, schnell als Galan Erfolg zu verbuchen? Tragen Sie die Krawatte «*à la Bergami*» (unter dem Vorbehalt, Ihr jedesmal einen wohlabgestimmten Backenbart und Gamaschen hinzuzufügen); der oppositionelle Redner und Journalist werden die «*Américaine*» bevorzugen (welche mit Vorliebe von einigen unserer Abgeordneten getragen wird, während der größere Teil von ihnen sich anscheinend für die «*Gastronome*» entschieden hat). Der jugendliche Boudoirgänger wird sich mit einer gefühlsbetonten Krawatte verschönern. Die *Ballkrawatte* ist den Salonlöwen vorbehalten; *das «Collier de Cheval»* den Zahlmeistern in der Provinz. Die *Jagdkrawatte* den Edelleuten vom Lande; die «*Maratte*» einigen unserer Anwälte; die «*Treuekrawatte*» der ehemaligen Pariser Nationalgarde und schließlich der «*gordische Knoten*» allen unseren Diplomaten.

Krawatten sollen sich nicht nur durch ihre äußere Form unterscheiden; sie haben auch jede für sich eine besondere Farbe.

Man würde sich täuschen, sähe man in der «*Kunst, seine Krawatte zu binden*» nur ein Modewerk; sie ist eine histori-

VORWORT

sche, philosophische und moralische Abhandlung; sie ist für sich allein eine kleine Enzyklopädie voller Gelehrsamkeit, denn wir haben darin mehrere gelehrte Traktate gefunden.

Die Frage, ob in der Antike Krawatten getragen wurden oder nicht, wird äußerst scharfsinnig erörtert. Der Autor versichert, mehr noch, er beweist in seiner dem Werk vorangestellten Geschichte der Krawatte, daß die Römer *Kinnbinden* trugen, die unseren Krawatten sehr ähnlich waren. Darüber hinaus beweist er (in dem Kapitel, das speziell Kragen behandelt), daß Perser, Griechen, Ägypter und viele andere antiken Völker echte Kragen trugen, die unter dem Namen *Koller* bekannt waren.

In seinen *Betrachtungen* über den Gebrauch der *schwarzen Krawatte* und die Verwendung von Halstüchern führt er aus, daß diese erste Krawatte niemals größere Berühmtheit erlangte als in den letzten Jahren des 18. Jhs. und in den ersten zehn Jahren des 19. Jhs. Insgesamt zwanzig Jahre unsterblichen Ruhms. Wie dem auch sei, die Abhandlungen unseres Autors werden immer nutzbringend neben den gelehrten stehen (uns sind solche von Mönchen und Jesuiten bekannt), in denen etwa die nützliche Frage, ob die Juden Brillen oder die Heiden Perücken trugen, erörtert werden.

Er hat sein Werk in mehr oder weniger lange Lektionen eingeteilt. Jede Lektion behandelt eine spezielle Art, seine Krawatte zu binden. Die zweite Lektion liefert den Beweis und die Lösung des berühmten Problems, das von allen Wegbereitern auf dem Gebiet des Krawattenknotens unter dem Namen «*gordischer Knoten*» bekannt ist. Es ist dies der Schlüssel zu allen anderen Knoten. Die vorletzte Lektion (d.h. die fünfzehnte) beinhaltet allein achtzehn verschiedene Arten, die Krawatte zu binden; aber fügen wir hinzu, um den Leser nicht zu erschrecken, daß diese achtzehn Arten von den ersten vierzehn abgeleitet sind, die der Autor als einzige den *klassischen* zurechnet, wohingegen die anderen in die Klasse der romantischen Krawatte, *d.h. ad libitum*, eingeordnet wurden.

Die erste und letzte Lektion (die Nummern eins und sechzehn) sind zweifellos die, die man als wichtigste gut kennen sollte und zwar auf Grund der Anweisungen, der Meinungen und der unbestrittenen Wahrheiten, die sie beeinhalten. In einem letzten, «*Schlußfolgerung*» überschriebenen Kapitel glaubte der Autor beweisen zu müssen, von welcher Bedeutung in der zeitgenössischen Gesellschaft die gut oder schlecht gebundene Krawatte sei.

Den Text erläuternde Federzeichnungen krönen sein Werk, damit er, wenn er nur unvollständig den Verstand seiner zahlreichen Leser (denn wir zweifeln nicht daran, daß er viele hat) ansprechen könne, er doch wenigstens optisch zu ihren Augen sprechen könne, und schließlich fügt er eine alphabetische Liste hinzu, die nach eigenen Angaben *die Adressen* aller Krawatten-, Halstuch- und Kragenhändler enthält, welche die berühmtesten der Hauptstadt sind.

Was das Porträt zu Beginn des Bandes betrifft, so können wir die Übereinstimmung der Ähnlichkeit mit dem Original bestätigen, das vorteilhaft durch die Ratschläge bekannt ist, die es täglich draußen und kostenlos bei sich zu Hause all denen gibt, die die Krawatte zu tragen verstehen. Jedermann hat von dem verstorbenen Baron de L'Empésé gehört, der seinem Vaterland so ehrenvoll im berühmten *Krawattenregiment* diente, in dem er zu seinem Vorteil *Kornettbläser* war, vor der Revolution? .... Nun gut! ER war es nicht, sondern sein Vater!

Bemerken wir (um dieses etwas lange, aber dennoch notwendige Vorwort zu beenden), daß unsere Eleganten nicht darauf verzichten können, das Werk des Baron de L'Empésé zu erwerben; denn es zu studieren kostet nicht einen Tag, sondern jeden Tag mehrere Stunden Arbeit.

Von welcher Menge dunkler Konkurrenten und unwürdiger Rivalen werden die Leute von Welt oder die sich als solche ausgeben alleine dadurch befreit sein? Der Handwerker, den die Dämmerung zur Arbeit an den Triumphbogen ruft; den überfälligen Schuldner, der um Punkt neun Uhr bei der Steuereintreibungsstelle eintrifft; den Händler aus der Galerie Colbert, den ein *Käufer* lange belästigt, um dann schließlich nichts zu *kaufen*; sein Nachbar, der Limonadenhändler an der Ecke, dem jeden Morgen die zahlreichen Verbraucher kaum Zeit lassen, seine Hose anzuziehen, um taktvoll auf ihre Wünsche eingehen zu können; der Beamte, der Pflichten unterworfen ist, deren Ergebnisse nicht für jedermann erfreulich sind; der Gelehrte, der über seinem Manuskript und der Winzigkeit seines Mittagessens erbleicht .... und eine Menge anderer ehrenwerter Bürger, die mit diesen Fashionables und allen diesen privilegierten Wesen nicht den Kampf aufnehmen können, denen ihr launisches Vermögen es erlaubt, frei und ausgiebig seine Launen zu nutzen.

Inmitten der allgemeinen Angleichung, die die Gesellschaft bedroht, inmitten der Verschmelzung aller Schichten, aller Klassen, inmitten der allgemeinen Ausuferung der kleinen Ansprüche der Untergebenen gegen die großen Ansprüche der Vorgesetzten, dachten wir, der oberen Gesellschaftsschicht einen offenkundigen Dienst zu erweisen und ihm sozusagen eine rettende Planke zu halten, indem wir ihm «*Die Kunst des Krawattenbindens*» vorlegen.

Der Herausgeber

M. Emile,
Baron de l'Empésé.

Über die Krawatte (1).

Ihre Geschichte,

betrachtet in Bezug auf ihren etymologischen, philosophischen, medizinischen, inneren und äußeren, politischen, religiösen und militärischen Aspekt; betrachtet im Zusammenhang mit ihrem Einfluß und Gebrauch in der Gesellschaft von ihrem Ursprung bis hin zum heutigen Tage.

———

Man hat keinen festen Begriff von der Zeit, in der man begonnen hat, Krawatten zu tragen. Die Alten kannten nur die lächerliche und gefährliche Mode, sich den Hals mit einem vorne geknoteten oder

---

(1) Krawatte. *Subst.Fem.*; Kleidungsstück, das um den Hals gelegt, vorne geknotet wird und dessen beide Enden auf der Brust hängen. *(Wörterbuch der Akademie)*

In Falten gelegtes Wäschestück, das man um den Hals gelegt trägt. *Cocsitium collo circum volutum.* H.N. Ovid (Lat.-franz. Wörterbuch, Noël)

(Anmerkung des Herausgebers)

hinten zugehakten Stoff zusammenzuziehen; sie ließen diesen Körperteil frei, an dem so viele Blutgefäße vorbeiführen und wo so viele Organe liegen, die man niemals ungestraft behindert. Sie verstanden es jedoch, sich gegen Kälte mittels eines Baumwoll- oder Seidentuches zu schützen, das man in Rom *FOCALE* nannte, ein Wort, das sich von *FAUCASE* ableiten dürfte, welches seinerseits von *FOCES* (Kehle) abstammen dürfte. Aber um sich dieses Mittels zu bedienen, mußte man sich in gewisser Weise verstecken, sofern man nicht inkommodiert und schlichtweg krank war. Im letzteren Falle konnte man, ohne Tadel und Schande zu ernten, den Kopf und den oberen Teil der Schultern bedecken und sogar Umhänge tragen.(1)

Der hochwürdige Pater Guillaume Adam, ein sehr bedeutender Jesuit, scheint in seinem Werk über die *römische Antike*(2) den nahezu eindeutigen Beweis zu erbringen, daß die Römer *Kinnbinden* benutzten, um ihren Hals gegen Kälte zu schützen. Diese Kinnbinden nannte man

(1) *Palliolum, sicut fascias et focalia sola excusure potest valitudo (Quintil.)*
(2) 4 Bd., 4°, Strassburg 1724

FOCALIA VEL FOCALE (1); und Redner, die aus beruflichen Gründen fürchten mußten, sich zu erkälten, verhalfen dieser Mode zu Aufschwung (2).

Einige, so sagt der hochverehrungswürdige Pater, *bedienten sich dazu eines Taschentuches* (sudarium)(3). Gewiß kann man in diesen Zügen die Krawatte nicht verleugnen, die man heute noch in einigen Ländern »*Taschentuch für den Hals*« nennt.

Will man einem gewissen Historiker der Antike glauben,»so war dieses Kleidungsstück zuweilen eine bestimmte Art und ein Vorwand, den junge, verweichlichte Männer benutzten, um sich interessant zu machen oder sich strengen Pflichten zu entziehen, die ihre Kraftlosigkeit in Angst versetzten.«*Videbis quosdam graciles, et palliolo, focalique circumdatos pallentes et aegris similes*(4).

Der fröstelnde und kränkelnde Augustus trug für gewöhnlich ein *FOCALE* bei sich zu Hause und bei seinen Günstlingen; aber man sah ihn niemals so in der

(1) *A faucibus* Horat. IV,41. Mart. XIV,142.
(2) *Ibid.*
(3) Suet.Ner. 51
(4) Seneca

Öffentlichkeit; und Lampridius bemerkt, daß Alexander Severus es nur trug, wenn er die Thermen verließ, um sich zu seinem Palast zu begeben.

In Rom mußte man also den Hals nackt tragen, um nicht die Würde des Menschen und Bürgers zu verletzen, außer man wikkelte ihn bei schlechtem Wetter mit seiner Toga ein oder hielt ihn mit der Hand zu, um die Wärme zu halten oder zurückzuholen.

Lange ließen unsere Vorfahren so ihren Hals wie ihr Gesicht den äußeren Einflüssen ausgesetzt und es ging ihnen dadurch nur umso besser; in diesem Punkt halten es die Nachfahren der Sarmaten mit ihren Vätern, denn dieser polnische Volksstamm trägt niemals etwas um den Hals, so rauh auch die Winter in den von ihnen bewohnten Gebieten sein mögen; und dieselbe Gewohnheit (was wohl weniger erstaunlich ist) hat sich ebenfalls bei den Orientalen fortgesetzt, bei denen ein weißer und gerundeter Hals noch heute metaphorisch mit der *Schönheit eines elfenbeinernen Turmes verglichen wird*. Die Kalmuken, die Baskiren und andere Don Tataren oder Tataren von den Ufern des

Kaspischen Meeres, die wir bei uns in den russischen Armeen während der Besatzungszeit (1) gesehen haben, haben auch den Hals unbedeckt gehalten, obwohl einige von ihnen den vorgenannten Vergleich bei weitem nicht verdienen, so häßlich und unförmig war dieser Körperteil: Es sind diese Art Sänger, die mit einer undeutlichen Stimme einen »*FLUTEUR*« begleiten, der aus einem unförmigen Blasinstrument aus Weißblech Töne hervorbringt, die im allgemeinen wenig harmonisch sind. Seine Begleiter machen heftige Lungenanstrengungen, um den Klang seines Instrumentes zu imitieren, und die Adern ihrer Hälse (vor allem die Drosseladern) bilden sich zu ungeheuerlichen Krampfadern aus. Dasselbe wurde bei den Ägyptern festgestellt, als das Land von den französischen Truppen unter dem Oberkommandierenden General Bonaparte (2) erobert wurde.

Allmählich wurde man in Frankreich und anderen Teilen Europas des nackten Halses überdrüssig; und eher aus Luxus als aus Notwendigkeit schmückte man

(1) In den Jahren 1814, 1815 und 1817
(2) In den Jahren 1798 und 1799

ihn, aber ohne ihn zusammenzudrücken, mit einem feinen, gestärkten Leinen, das das Hemd überragte, vorne ohne Kragen bei Männern wie bei Frauen, und das natürlich auf die Brust herabfiel und dort mit Bändchen befestigt war, was in der Folge zum Ursprung für vielerlei Arten von Klappen wurde, ohne dennoch keine Vorstellung von den dicken und wärmenden Bändern zu geben, mit denen man sich später die Kehle bedeckte.

Anschließend kam die Mode der stutzerhaften, kunstvoll gefälteten Halskrausen, mit einer oder mehreren Reihen, unbequeme, aber keineswegs gefährliche Schmuckstücke; diese Mode dauerte so lange, wie man die Haare kurz trug. Man gab sie auf, als Ludwig der XIII. seine Haare hatte wachsen lassen; dann kam die Mode der hohen Stehborten, der gefälteten oder bestickten Umlegekragen, der glatten oder aus Spitze gefertigten Beffchen, die den Hals unserer Vorfahren bis zum Kinn umschlossen; ihre Oberarme und Schultern bedeckten sie ebenfalls; und als Ludwig der XIV. die riesigen Perücken eingeführt hatte, die einmal blond und einmal schwarz waren und kaum den vorderen Teil des Halses erkennen ließen, alle diese kunstvollen Gebilde machten den Bändern mit Knoten in grellen Farben Platz, die der galante König als erster trug und die jeder, je nach Rang oder Laune, dem Beispiel des Königs folgend, bald ebenfalls tragen wollte.

Bis dahin war alles nur modisches Beiwerk, die Mode selbst blieb unschuldig. Aber nun wird sie schädlich, indem sie den Hals einengt und erdrückt, wovon er doch bisher verschont worden war.

Im Jahre 1660 sah man in Frankreich ein ausländisches Regiment aus Kroatien eintreffen, in dessen sonderbarer Gewandung man etwas entdeckte, das allgemein gefiel und das zu imitieren man sich anschickte; es war ein *Halsstück*, für den Soldaten war es aus einfachem Stoff hergestellt, für den Offizier aus Mousseline oder einem Seidenstoff, dessen Enden zu einer *Rosette* geschlungen, mit einer Eichel oder einer Quaste verziert waren und die nicht ohne gewisse Grazie auf die

Brust herabfielen (1). Dieses neue Kleidungsstück wurde zunächst *Kroate* genannt und bald zu *Krawatte* abgewandelt, was ebenfalls auch für das Regiment galt, das fortan und bis zur Revolution den originellen Namen »*Königliche Krawatte*« trug.

Den berühmten Namen nahm das Regiment indes erst nach dem Sieg von Steinkirchen an, die Krawatten wurden nun zum Allgemeingut aller Gesellschaftsschichten. Im übrigen drückte dieses Kleidungsstück nur mäßig auf den Hals

(1) Es gibt ein angesehenes Korps, das man zur königlichen Garde zählt; es ist nicht nur durch seine glänzende Uniform berühmt, sondern auch durch die zahlreichen Dienste, die es den Einwohnern der Hauptstadt in gefährlichen Situationen erwiesen hat; es hat in seiner Uniform diese Art Ornat bewahrt, von dem hier die Rede ist. Es handelt sich um eine Eichel oder kleinen Granatapfel, welcher zwei Daumen breit aus dem am Gewand festgehakten Kragen herausschauen, herunterhängen und über die überkreuzten Riemen hin und her baumeln, die den oberen Teil der Brust schmücken. Es handelt sich um das Feuerwehrsregiment der Stadt Paris. Es ist das einzige der französischen Armee, das sie noch trägt.

Über die Krawatte

und hinderte ihn keineswegs an seinen Bewegungen. Im übrigen können wir dies im »*Zeitalter Ludwigs des XIV.*« bei Voltaire über die Krawatten nachlesen. Der berühmte Schriftsteller beschreibt zunächst die Begeisterung, die die Nachricht von diesem Sieg in der Bevölkerung auslöste und fügt dann hinzu:

»...die Männer trugen damals Krawatten aus Spitze, die man mit einiger Mühe und Zeitaufwand anordnete. Die Fürsten, die sich übereilt für den Kampf gekleidet hatten, hatten ihre Krawatten nachlässig um den Hals geworfen. Die Frauen trugen nach diesem Vorbild angefertigten Halsschmuck. Man nannte sie »*Steinkircher* etc., etc.,...«

Militärs und reiche Leute trugen damals sehr feine Krawatten, deren Enden bestickt und mit einer breiten Spitze versehen waren; die der Soldaten und des Volkes bestanden aus einem Stück Laken oder Baumwolle oder bestenfalls aus schwarzem, gefälteten Taft, die man mittels zweier kleiner Schnüre um den Hals schlang: Die Truppen hatten keine anderen. Später wurden diese Bänder durch

Haken oder Spangen ersetzt und seit dieser Zeit trug die Krawatte den Namen »*Kragen*« (1).

Wir wären fast geneigt zu glauben, daß mit dieser Mode und in dieser Zeit, die mit ruhmreichen Erinnerungen an unsere Armeen verknüpft ist, der Brauch beginnt, in Frankreich Krawatten an Fahnen zu befestigen, denn unter der folgenden Königsherrschaft, in der man sich unglücklicherweise sehr von der vorhergehenden entfernte, machten die siegreichen »*Steinkircher*« den engen und schäbigen Kragen Platz, die unter Ludwig XIV. durch die *Kanzlerkrawatte* ersetzt wurden. Diese blieben aber nur einen Augenblick lang in Mode, es kam die Revolution und mit ihr verschwand die Mode der Krawatten und sogar die der Kniehosen.

Da sich das Volk von Paris nun einmal als römisch, griechisch oder spartanisch fühlte, mußte man wohl die Krawatte aufgeben, um einen nackten Hals zu zeigen; man folgte dem Beispiel von Brutus, Perikles und Leonidas. Man legte Kragen und

(1) Siehe das folgende Kapitel, das insbesondere von den Kragen handelt

Kniehosen ab, und wenn man mit einigen
so nachlässig gekleideten Individuen zu-
sammentraf, hatte dies etwas Linkisches
und Abstoßendes; der Anblick dieser Gek-
ken, die später ihre Opfer nachahmten,
gab dasselbe Bild der Unordnung ab und
erregte nur Lachen und Ulk.

Kurz nach dieser Epoche (1796) gewan-
nen die Krawatten wieder an Ansehen und
man benutzte sie so übertrieben, daß man
es nicht glauben würde, wäre man nicht
Zeuge gewesen. Die Einen wickelten sich
den Hals mit ganzen Stücken aus Mousseline ein, die Anderen mit einem gestepp-
ten Kissen, auf dem sie noch mehrere Tü-
cher befestigten. Durch diesen Aufbau
hatte der Hals die Höhe des Kopfes er-
reicht, welchen er an Umfang übertraf
und mit dem er zu verwechseln war. Der
Hemdkragen ragte bis über die Ohren
hinaus, die oberen Ränder der Krawatte
bedeckten das Kinn und den Mund bis
zum unteren Teil der Nase dergestalt, daß
das Gesicht, dessen beide Hälften von einem buschigen, dichten Backenbart be-
herrscht waren und dessen oberer Teil
durch bis auf die Augen herunterfallende
Haare bedeckt war, absolut nur noch die

Nase in ihrem gesamten Ausmaß erkennen ließ. So glichen unsere Eleganten eher Tieren als Menschen; daher waren die jungen Leute, die ihre Krawatten auf diese Weise trugen, witzige Karikaturen; sie konnten nur geradeaus sehen; wenn sie zur Seite sehen wollten, mußten sie den Oberkörper drehen, mit dem zusammen Hals und Kopf ja eine Einheit bildeten; es war ihnen unmöglich, den Kopf in irgendeine Richtung zu neigen; man hätte sie für grob zugehauene und groteske Statuen halten können: So waren unsere *INCROYABLES*.

Es muß darauf hingewiesen werden, daß die meisten Moden erfunden wurden, um ein Gebrechen oder eine Mißbildung zu verbergen: die Mode der breiten Krawatten hat keine anderen Gründe gehabt; sie ist von den Engländern zu uns gekommen, die sie brauchten, um die häßlichen Narben an ihrem Hals zu verbergen, die die Scrofolose, eine endemische Erbkrankheit, hinterlassen hat; und was bemerkenswert ist, diese breite Krawatte diente den Franzosen, die sich ihrer wie wahnsinnig bedienten, vor allem bei den glorreichen Eroberungen unserer republikanischen Armeen dazu, sich vor Narben zu schützen, die jedoch nur ehrenhaft sind.

Zu dieser Zeit waren die höheren Offiziere, die mit einer Krawatte ihrem Dienstgrad entsprechend zur Armee kamen, bald gezwungen, sie zu verlassen, da sie den Kopf zu keiner Seite bewegen konnten, er war nämlich von allen Seiten durch eine Unmenge von Wäsche abgestützt, womit sie ihren Hals überluden. Wie hätten sie überprüfen können, was um sie herum passierte? Dennoch gab es für Generäle Situationen, in denen ihnen die breiten Krawatten eine große Hilfe waren; weil sie ihnen das Leben gerettet haben; wir zitieren nur einen Fall, den des Doktor Pezis, den wir zu Wort kommen lassen werden.

»Ich hatte«, sagte er, »dem tapferen General Lassalle, der damals noch jung und modehörig war, den enormen Umfang seiner Krawatte vorgeworfen; das Regiment, das er befahl, lädt die Waffen, wird zurückgetrieben, lädt erneut, vertreibt die feindliche Kavallerie und kehrt in sein Lager zurück. Man meldet mir, daß der Oberst von einem Pistolenschuß auf der Brust getroffen sei; ich eile herbei, und man zeigt mir eine Kugel, die in seiner dicken Krawatte steckengeblieben ist, deren Umfang ich so getadelt hatte. Zwei Offizier und einige Husaren hatten Säbelhiebe auf der Brust erhalten; und so mußte ich einräumen, daß die breiten Krawatten zuweilen zu etwas nütze sind (1)«.

Tatsache ist, daß ein Kantor seine Stimme verliert, wenn er eine große und zu eng geknüpfte Krawatte trägt; der Sänger wie die Sängerin verlieren ihre gefällige Stimme, wenn der Stimmappparat durch eine Krawatte, ein Halsband oder jeden anderen Schmuck zusammengedrückt und behindert werden; trotzdem haben sie es mehr als jeder andere nötig, den Hals warm zu halten.

Eine angenehme Wärme erhält die Ge-

---

(1) Wörterbuch der Medizin

Über die Krawatte

schmeidigkeit der Organe und macht die Stimme reiner und harmonischer; daher versäumen sie es nie, vor dem Singen die Krawatte zu öffnen und es sich bequem zu machen, wie sie auch niemals nach dem Singen vergessen sollten, sich gegen Kälte zu schützen.

Wenige Teile des Körpers sind gegen kalte Luft und Durchzüge empfindlicher als der Hals. Diese Empfindlichkkeit ist das Ergebnis der Gewohnheit, ihn zu sehr zu bedecken. Wenn es einem warm ist und man dann unvorsichtig seinen Hals entblößt, kann man, und das kommt häufig vor, sich eine mehr oder weniger starke Erkältung oder eine plötzliche Mattigkeit zuziehen; plötzlich kann einen Stimmlosigkeit befallen oder infolgedessen kann man an Kehlkopf- oder Luftröhrentuberkulose etc., etc., etc....erkranken. Junge Leute können beim Verlassen des Balls oder nach einer Versammlung an einem heißen Ort nicht genügend Sorgfalt darauf verwenden, eine Erkältung an Hals oder Brust zu vermeiden.

Bergbewohner, Südländer und insbesondere Spanier wissen nur zu gut um die Gefahren dieser plötzlichen Übergänge. Letzterer trägt gewöhnlich eine breite Krawatte (gewöhnlich aus Seide) lässig um den Hals geschlungen und er versäumt es nicht, sich damit einzuwickeln, wenn er, nachdem ihm warm war, plötzlich von der Kälte überrascht wird.

Im übrigen ist der Siegeszug der Krawatten in allem, was sich auf unsere Kleidung und unsere Sitten bezieht, endgültig gesichert und vollendet in dem Augenblick, als man auf den Gedanken kam, die Krawatte zu stärken. Aber wem haben wir für diese herrliche Idee zu danken? Den Engländern, den Russen, den Italienern, den Spaniern oder uns selbst? Diese Frage können wir noch nicht eindeutig beantworten. Bis dahin wird eine große Zahl von Weißwäscherinnen aller europäischen Mächte diese bedeutende Entdeckung für sich beanspruchen.... Nichtsdestoweniger wären tiefergehende Untersuchungen unsererseits unnütz; denn nur die beständige Forschung und deren Fortsetzung wird es uns möglich machen, Licht ins Dunkel eines Gegenstandes zu bringen, den wir zu behandeln unternommen haben und der durch mehrere Jahrhunderte durchgängig verhüllt geblieben ist.

Über die Kragen (1).

Ihre Herkunft,

ihren Gebrauch, ihre Nachteile, ihre Stoffe, ihre Farben, ihre Formen und ihre Moden

---

Ägypter, Perser, Griechen und fast alle anderen Völker der Antike, obwohl sie weder Krawatten noch Kragen trugen, trugen zumindest Halsbänder, die man mit Recht als die ersten aller Kragen und aller Krawatten betrachten kann.

---

(1) Kragen. Eine Art Krawatte ohne Seitenstücke (*Akademie-Wörterbuch*).

Kleidungsstück, das den Hals bedeckt, *colli amictus* (Franz.-lat. Wörterbuch, NOEL).

(Anmerkung des Herausgebers)

Die Halsbänder, die aus edelsten Metallen hergestellt und innen mit weichem Stoff versehen waren, dienten wie unsere Kragen dem Gesicht zur Zierde und dem Kinn als Stütze. Daher scheint der universelle Gebrauch der Halsbinde bei den Völkern der Antike und der Kragen bei den Völkern der Moderne zu beweisen, daß, wenn der Mensch sich selbst überlassen ist, *seine Nase* geneigter ist, *zum Grabe zu streben*, (um uns der Ausdrucksweise eines adligen Pairs zu bedienen, einer unserer berühmtesten französischen Prosaschriftsteller) als seine Augen geneigt sind, sich zum Himmel zu erheben, wie es Buffon behauptet.

Wie dem auch sei, den Halsbändern folgten die Kragen, deren Name offenbar abgeleitet ist, denn, wohlgemerkt, Kragen sind nichts anderes als Halsbänder aus Stoff; aber wie Metall dürfen sie keine Falten werfen und den Hals nur ein einziges Mal umfassen. Hinter dem Kopf werden sie mit einer Schnalle oder mit Haken befestigt.

In Frankreich waren Kragen von Anfang an nur mit dem Militärrock zusammen zugelassen, und zwar seit Beginn des XVIII. Jahrhunderts. Nach dem Frieden von Hannover führte sie der Kriegsminister unter Ludwig dem XV. de Choiseul als erster bei den Truppen als Ersatz für die Krawatte ein.

Die Kragen waren aus schwarzem, ziemlich hartem Roßhaar, von einer mäßigen Breite und sie waren in dem Maße hinderlich, als man sie zu sehr schnürte, was in vielen Regimentern vorkam, deren Oberste und andere höhere Offiziere ihren Soldaten, um ihnen ein gesundes und kräftiges Aussehen zu geben, ihnen den Hals zusammenschnürten, anstatt sie mit reichlicher Nahrung zu versorgen und sie sanft zu behandeln und ihnen zu lange und zu anstrengende Exerzierübungen zu ersparen; mit einem Wort, sie statt dessen in die Lage zu versetzen wirklich ein farbiges und volles Gesicht zu erwerben.

Seit dieser Zeit waren die Kragen durchgängig ein Teil der Soldatenkleidung und man bemühte sich, sie auf allerlei Weise zu variieren, d.h. während man nur auf Aussehen und Gleichförmigkeit achtete, machte man sie schädlicher. Wir haben gesehen, wie der Kragen mit Hilfe eines eingesetzten Kartonstreifens in ein Halseisen verwandelt wurde, das, indem es auf den Kehlkopf drückte, und alle Teile des Halses zusammendrückte, die Stimme erstickte, das Gesicht violett anschwellen, die Augen aus den Höhlen hervortreten ließ, dem Mann ein wildes Aussehen verlieh und oft Schwindelanfälle und Ohnmacht hervorrief oder zumindest Nasenbluten, das zuweilen schwer zu stillen war; es war selten, daß man in einem Manöver von bestimmter Dauer nicht Soldaten zu retten hatte, deren einziger Schmerz daher rührte, daß sie einen zu engen und zu harten Kragen trugen.

Diese Art Kragen war für alle Hälse gleich, ob sie nun lang oder kurz, fett oder mager waren, sie hielten diejenigen, die sie trugen, steif und fast unbeweglich; sie waren kaum fähig, dem Befehl « *Augen rechts, Augen links* » zu gehorchen. Sie erlaubten es nicht, den Kopf zu senken oder zu heben; die Ränder dieser Kragen waren unten auf der Brust und dem Schlüssel-

Über die Kragen

bein abgestützt und oben auf der unteren Gebißhälfte; dort verursachten sie oft Hautabschürfungen, Abszesse oder zumindest Juckreiz, da sie die Hautteile abnutzten, mit denen sie in Kontakt waren.

Aber vor allem unterwegs und während der Sommermonate war der Nachteil dieser Kartonkragen spürbar. Durch sie geriet der Soldat manchmal außer Atem; sein Gesicht war mit hervortretenden Adern überzogen, seine Augen funkelten oder waren blutunterlaufen, und manchmal war man so ungerecht und hart, ihn zu bestrafen, als ob er sich betrunken habe, obwohl der Unglückliche die meiste Zeit hindurch nüchtern war.

Später machten sich die zum Hofe gehörigen Obersten einer nach dem anderen auf den Weg nach Potsdam, nur in der Absicht, dort den Truppenparaden beizuwohnen, die der König von Preußen täglich abhalten ließ. Sie taten dies weniger, um die Taktik dieser Großmacht zu studieren, als in Erfahrung zu bringen, wie man mit Stockschlägen französische Soldaten, die sich so sehr von den preußischen unterscheiden, traktieren konnte, ohne daß sie schrien.

Bei ihrer Rückkehr brachten diese Obersten die Mode der roten Kragen mit und es gab eine Zeit, in der unsere Infanterie und ein Teil der Kavallerie keine anderen Kragen trugen. Man fand, daß sie ihre Farbe auf den Gesichtern der Soldaten spiegelten und es ist wahr, daß sie noch diese trügerische fleischrote Farbe verstärkte, die doch nur durch den erstikkenden Druck auf den Hals verursacht wurde, da diese neuen Kragen, die wie die anderen mit Karton verstärkt waren, auch alle ihre Nachteile haben mussten.

Die Kragen aus weißer Baumwolle oder jedem anderen Stoff, die auch die Zivilisten ausprobieren und als Mode übernehmen wollten, auf die sie aber alsbald verzichteten, die Kragen aus schwarzem Velpel oder Leinen, die vorübergehend in Mode waren, die einen wie die anderen hatten dieselben anfänglichen Nachteile,

Über die Kragen

sie verschafften auf die gleiche Weise Unbehagen. Man versuchte es mit Kragen aus Roßhaar, aber man fertigte sie zu eng, indem man sich damit begnügte, sie mit einem dünnen Leder zu verdoppeln, was ausreichte, sie gestreckt zu halten und ihnen eine Elastizität zu geben, die deren Gebrauch bei den Truppen begünstigte. Der obere Rand dieser Kragen war mit einem weißen Stoffband versehen, was der Sauberkeit diente und Unebenheiten verbarg, die ohne diese Vorsichtsmaßnahme die Haut geschält hätten und nur hätten ertragen werden können, solange die Hemdkragen darüber geschlagen worden wären, was zu allen Zeiten den Soldaten verboten war, weil in der Tat kein Grenadier der königlichen Garde einem Dörfler aus der komischen Oper gleichen darf.

Seit einigen Jahren stellt sich vor allem bei den Zivilisten eine neue Mode ein: die der weiten Kragen aus Velours, Marokkoleder oder jedem anderen schwarzen Stoff. Es scheint, daß wir dies bei den Russen entlehnt haben, die gewiß nicht darauf gefaßt sein durften, daß wie sie in Modeangelegenheiten nachahmen. Die meisten dieser Kragen haben, obwohl sie ohne Kartoneinlage sind, nichtsdestoweniger die ganze Steifheit derjenigen, die so hergestellt sind, und sie widerstehen (vor allem wenn sie neu sind) allen Neigungen des Kopfes.

Die besten Kragen sind die, die mit flachen, biegsamen, leichten und an den beiden Enden verdünnten Stahlfedern hergestellt sind. Sie sind ringsherum mit einer kleinen weißen Haut versehen, um das Kinn vor Kratzwunden zu schützen, die sie verursachen würden, wenn sie in Folge des Gebrauchs zufällig diese Bordüre und dann anschließend die Krawatte durchbohrten. Diese Kragen, die wir auf *Tafel A, Abb. 4* gezeigt haben, sind bei allen Händlern zu kaufen, die am Schluß dieses Werkes aufgeführt sind

Über den Gebrauch

der schwarzen Krawatte
und die Verwendung von Halstüchern.

Jedermann weiß, daß wir die Seide einem fleißigen Insekt aus der Familie der *LEPI-DOPTERES* (1) verdanken, der man den Namen *Seidenraupe* gegeben hat, und die indem sie einen Faden bis ins unendliche spinnt, eine Muschel bildet, in der sie die Umwandlung aus dem Zustand einer Raupe (Chrysalide) in den des Schmetterlings erdulden muß.

Die Seide diente als Rohstoff für viele gebräuchliche Kleidungsstücke, sie darf in diesem Zusammenhang nicht fehlen, Ausgangspunkt für einige Überlegungen zu sein, von denen wir glauben, daß sie in diesem Werk völlig zu Recht erfolgen. Die

(1) Schmetterlinge

Römer kannten den Gebrauch von Seidengeweben und jedes von ihnen hatte eine besondere Bestimmung. Diejenigen, die dazu dienten, den Hals warmzuhalten, waren meistens aus Seide. Augustus trug keine anderen und die Fashionables aus Rom, täuschten wie ihr Meister eine zarte Gesundheit vor, um sich wahrscheinlich als das auszugeben, was man heute *ein Genre* nennt.

Frauen verwendeten diese Stoffe nur bei ihrer Toilette *(mundus muliebris)* und nannten sie *BYSINA SUDARIA*. Wahrscheinlich war ihr großer *SINDON* oder *SIDON* in jener Zeit vergleichbar mit den Seidenschals, die vorzugsweise von den Engländerinnen getragen wurden (1).

Was die kleinen seidenen Taschentücher betrifft, derer sie sich zum täglichen Gebrauch bedienten, so z.B. um sich die Nase zu putzen oder die Stirn abzuwischen, *SUDARIA BOMBYCINA*, so war dies der Inbegriff des Prunks. Die Stadt Cos war durch deren Herstellung und Vertrieb zu Reichtum gelangt.

Diejenigen, die keine Mittel hatten, um

(1) Lazare Baif, *De re vestiaria*

Über die Kragen

sie dieser kostspieligen Mode zu opfern, sich die Nase zu putzen, sich abzutrocknen oder den Hals im Krankheitsfalle damit zu versehen, ließen von der Insel Amorgos diese prächtigen Leinengewebe kommen, die man damals *AMORGINES* nannte und die die von OELIS und Peluse an Feinheit und Schönheit noch übertrafen. (1)

In Frankreich wurde der Gebrauch von Seide erst im XIII. Jahrhundert, kurz vor der Herrschaft Franz I. bekannt; dieser Fürst schmückte sich als erster mit einem Paar Seidenstrümpfen, um an der Hochzeit einer seiner Töchter im Jahre 1514 teilzunehmen.

Wenig später verbreitete sich der Gebrauch von Seide für Kleidungsstücke aller Art in Europa. Unter Ludwig XIII. war er schon allgemein verbreitet. Unter Ludwig XIV. trug schon jedermann Seidenstrümpfe; in der Empirezeit bedienten sich unsere Generäle überhaupt keiner anderen Art von Strümpfen, um sie in ihren Stiefeln zu tragen.

Man kann mit Recht sagen, daß erst am

(1) *Mouges, Schatz der Antike*

Über die Kragen

Ende des XVIII. Jahrhunderts die schwarze Seidenkrawatte allmählich einen Ruhm erlangte, dessen Ausstrahlung sich während der ersten acht Jahre des XIX. Jhs. noch vermehrte.

Marceau trug niemals eine andere Krawatte als ein breites Band aus schwarzer Levantine, das lässig um seinen Hals geworfen und mit einem großen, bauschigen Knoten befestigt war (1); es war immerhin die Lieblingskrawatte Napoleons: in Lodi, Marengo, Austerlitz, Wagram etc., etc., trug er eine schwarze Krawatte, die ihm zweimal um den Hals ging und die hinten mit einem kleinen Knoten befestigt war (2). In Waterloo glaubte einer seiner Ordonnanzoffiziere zu bemerken, daß er, entgegen seiner Gewohnheit, an jenem Tag eine weiße Krawatte trug, die mit einer Schlaufe zusammengehalten wurde,

(1) Siehe Lektion fünfzehn dieses Buches, nach der, wenn man dem Porträt dieses jungen Helden glauben darf, es scheint, als habe die Krawatte Marceaus etwas Romantisches.
(2) Siehe Lektion elf.

(Anmerkung des Herausgebers)

während er am Vorabend seine gewohnte Krawatte getragen hatte. (1)

In dieser Zeit kannte man kaum den Gebrauch von Halstüchern; aber nach den politischen Ereignissen von 1815 verbreiteten die Engländer sie auf dem Kontinent und vor allem in Paris in ungeheurer Menge, es waren ihre angeblichen Siege darauf abgebildet, um sie uns sozusagen ständig unter die Nase zu halten. Auf den einen sah man die Schlachten von Quessant und Trafalgar, auf den anderen Ereignisse, die sich auf den Spanienfeldzug unter Napoleon und die Schlacht von Waterloo bezogen. Wer hätte uns gehindert, unsererseits ebensoviele herzustellen, verstehen wir doch zu siegen und auch Halstücher herzustellen? An Darstellungsgegenständen hätte es uns nicht gefehlt!... Aber wir verwenden keine Sorgfalt auf leichte Stoffe, die zumeist schmutzigen Verwendungszwecken dienen, um unseren militärischen Ruhm fortzusetzen; Monumente, die dauerhaf-

(1) Diese Anekdoten sind bis heute noch nicht bekannt

(Anmerkung des Herausgebers)

ter und unserer würdiger sind, sind dessen edle und ewige Zeugen.

Halstücher, derer man sich als Krawatten bedient, sollten möglichst einen einfarbigen *Hintergrund* haben; aber ein Fashionable muß sich nicht allzu streng an diese Wahrheit halten; denn die Seidenkrawatte (ausgenommen die schwarze) wird betrachtet, anerkannt und steht im Ruf, die lässigste aller Krawattenarten zu sein. Man kann sich nicht angemessen mit einem Halstuch krawattieren, welche Schönheit, Farbe oder Ausmaß es auch haben mag, es sei denn, man hat vor, zu Hause zu bleiben. Der Gebrauch des Halstuches ist allenfalls am Morgen zu dulden und nur dann, wenn man ins Bad geht oder bei einigen Sportübungen, wie Reiten, beim Paumespiel, beim Fechten oder Schwimmen. Im übrigen *passen* Halstücher kleidungsmäßig auf dieselbe Art zusammen wie alle Krawatten, die auf den Tafeln B, C und D abgebildet sind.

Die Kunst
des

Krawattenbindens

Erste Lektion.

Unentbehrliche Vorkenntnisse

Wenn man die Krawatten von der Wäscherei nach Hause gebracht hat, soll man sofort überprüfen, bevor man sie einordnet, ob sie gut gewaschen, gut gestärkt, gut in Falten gelegt und gebügelt sind, bevor man auf den ersten Blick diejenigen bestimmt, die auf diese oder jene Art getragen werden sollen.

Von der Art und Weise, wie die Krawatten vorbereitet sind, hängen das gute Anlegen und Knotenbinden ab.

Sind sie nämlich schlecht gestärkt, schlecht gefalten und gebügelt, vergilben sie und verwelken schnell; schon vom ersten Gebrauch an sehen sie schmutzig aus. Im übrigen haben Krawatten, die »comme il faut« vorbereitet sind, ein ausgesuchtes und schmuckes Erscheinungsbild, welches die anderen nicht haben.

Die Stärke gibt den Krawatten Steife, Geschmeidigkeit, Festigkeit und Elastizität, alles in allem Vorzüge, auf die man sommers wie winters gerne zurückgreift. Es gibt jedoch auch Ausnahmen, und wir werden sie in dem Maße zur Kenntnis bringen, wie sich entsprechende Gelegenheiten bieten.

Dann verhindert die Stärke in der Tat, indem sie die winzigen Löcher verstopft, (hier sprechen wir nicht von denen, die auf Verschleiß zurückzuführen sind, sei es durch Abnutzung oder den Druck des Bartes, sondern von jenen natürlichen Zwischenräumen, die es in jedem mehr oder weniger zusammengezogenen Wäschestück oder Gewebe auf Grund seiner Herstellungsweise gibt), die Stärke also verhindert jedes Eindringen von Außenluft im Winter.

Im Sommer und während großer Hitzeperioden ist die Stärke von unschätzbaren Vorteilen und diese wären unmöglich von nicht gestärkter Wäsche zu erwarten, die letztere nämlich klebt wie ein Schwamm auf allen Teilen des Halses, wohingegen die erstere den Hals ohne direkten Hautkontakt umschließt. Im allgemeinen ist die Stärke für die Krawatte, was das Leder am Ende der Billardqueue ist, gut vorbereitet macht man mit dem einen wie dem anderen alles, was man will (1).

(1) Nach Meinung des Billardlehrers Charrier
(Anmerkung des Herausgebers)

Wenn eine Krawatte angelegt ist und der
Knoten (gut oder schlecht) gebunden ist,
so darf die Krawatte nach welchem System
oder auf welche Art und Weise sie gebunden sein mag, nie abgenommen werden,
und folglich darf der Knoten unter keinerlei Vorwand gelöst werden.

Krawattenknoten sind im Bereich der
Kleidung immerhin das, was im Bereich
der Küche weiße Saucenverbindungen
sind. Sind die einen wie die anderen ver-
fehlt, so können sie nicht wieder hergestellt werden, man muß eine andere Sauce
rühren, wie man einen anderen Knoten
binden muß, wohlgemerkt mit neuen Zu-
taten und einer neuen Krawatte (1).

Wenn man seine Krawatte zufrieden-

---

(1) Nach dem Eigentümer der «*Drei provenzalischen
Brüder*» Mancille

(Anmerkung des Herausgebers)

stellend angelegt hat, soll man leicht mit
dem Handrücken längs des oberen Saums
fahren, um ihn zu vereinheitlichen, in
seinem ganzen Ausmaß zu verdünnen und
ihn auf den Hemdkragen abzustimmen.

Ein kleines Bügeleisen, das eigens mit
einem Griff versehen und mäßig warm ist,
ist das beste Mittel, einen ebenso feinen
wie gleichmäßigen Krawattensaum zu erhalten. Dieses Bügeleisen kann ebenso
den Knoten glätten, aber man soll es nur
verwenden, nachdem man sich vergewis-
sert hat, daß es intakt ist und glänzt und
man sollte es niemals bei einer Krawatte
verwenden, die man zum ersten Mal trägt:
Flecken sind sonst unvermeidlich. *(Siehe
Tafel A, Abb. 5)*

Wenn die Krawatte nicht vorläufig von
der Weißwäscherin beim Bügeln gefaltet
wurde, und Sie sie selbst auf die von der
Mode geforderte Art und Weise vorberei-

tet haben, der Sie selbst den Vorzug geben, verwenden Sie besondere Sorgfalt darauf, die Enden zu falten, wobei das eine Ende *von oben nach unten* und das andere Ende *von unten nach oben* gefaltet werden muß; ob es nun das linke oder rechte Ende ist, ist fast gleichgültig, aber immer auf dieselbe Art und Weise. *(Siehe Tafel A, Abb. 2)*

Versäumen Sie nicht, die unermeßlichen Vorteile dieser Methode zu erkennen, welche sind: erstens verhindert sie eine unangenehme Verdickung, die beim Zusammenbinden der Krawattenenden hinter dem Hals entsteht und ein schwerer Mangel ist, der sich auf die Kragen von Weste und Gehrock auswirkt. Zweitens werden die beiden nach vorne gezogenen Enden, die weder verschmutzt noch verknittert sind und ihre ursprüngliche Frische haben, zu einem eleganten Knoten ausgelegt und geknüpft.

Unentbehrliche Vorkenntnisse

Man muß beständig ebenso viel Sorgfalt und Aufmerksamkeit auf den hinteren wie auf den vorderen Teil der Krawatte verwenden, besser gesagt, auf denjenigen Teil der Krawatte, der das Gesicht bildet.

Obwohl Krawatten aus gestreiftem Stoff erheblich vorteilhafter sind als unifarbene, gibt es eine allgemeine Geschmacksauffassung, nach der die bunte Krawatte, von welcher Farbe sie auch immer sei, als *salopp* gilt. Die weißgrundige Krawatte mit Karos, Streifen oder Punkten wird als nur bedingt *ausgehfähig* angesehen, nur die reinweiße Krawatte *paßt* zum Gesellschaftsanzug, d.h. bei Abendgesellschaften oder auf dem Ball, die schwarze Krawatte und der schwarze Kragen sind den Militärs vorbehalten, die sich außerhalb des Dienstes zivil kleiden. Was die Halstücher anbelangt, so halten wir sie für die *PARIAS* (Ausgestoßenen) unter den Krawatten.

Zweite Lektion

Der gordische Knoten

(Tafel B, Abb. 6, 7, 8, 9, 10 und 11)

Es ist für uns außerordentlich schwer, unseren Lesern eine genaue und verständliche Beschreibung des Knotens par excellence, des Königs der Krawattenknoten, mit einem Wort, des **gordischen Knotens**, zu geben, dessen Herkunft sich in der grauen Vorzeit verliert.

Trotz langer und sorgfältiger Nachforschungen, die wir angestellt haben, ist es uns nicht gelungen, den Namen des Fashionable (Grieche oder Römer, seine Nationalität tut nichts zur Sache) ausfindig zu machen, dem diese erhabene Erfindung zu verdanken ist. Wir wissen nur,

Der gordische Knoten

was jedermann weiß oder annähernd weiß, daß nämlich Alexander der Große, ungeduldig darüber, noch nicht die Theorie der Anfertigung dieses Knotens verstanden zu haben, den noch niemand vor ihm hatte lösen können, und er sich nicht damit abfinden wollte, er es daher kürzer und bequemer fand, ihn mit seinem Schwert zu durchtrennen und damit die Schwierigkeit auszuräumen.

Wir können alltäglich junge elegante Leute sehen, die, ohne es zu wollen oder zu ahnen, im wahrsten Sinne des Wortes gordische Knoten in ihre Krawatten knüpfen, aber dennoch mit dem Unterschied, das, wenn es darum geht, sie zu lösen, ein vergleichbares Schwert wie das des mazedonischen Monarchen, ein wenig zu schwer für ihre zarten Hände ist, sie es daher ganz einfach vorziehen, sich einer Schere zu bedienen, deren Gebrauch ihnen unendlich vertrauter ist: Kommen wir zu unserem Gegenstand zurück.

Wir gestehen mit Bedauern, daß wir uns leider gezwungen sehen, nur ziemlich unvollkommen über die Art und Weise zu sprechen, auf die dieser berühmte Knoten gebunden wird; aber da in diesem Zusammenhang die Theorie nur sehr wenig im Vergleich zur Praxis ist, werden wir versuchen, zu den Augen unserer Leser zu sprechen, vorzugsweise zu ihrem Urteilsvermögen, in der vollen Überzeugung, daß wir, wenn wir das Ziel auch nicht vollständig erreichen, das wir uns gesetzt haben, wir uns ihm zumindest so weit wie möglich nähern werden. Aufgepaßt!...

Aufgabe:

Zunächst muß die Krawatte, aus der man einen gordischen Knoten binden will, besonders groß, gestärkt, gefaltet, gebügelt, kurzum, so vorbereitet sein, wie es auf Tafel B, *Abb. 6* gezeigt wird.

Ob die Krawatte weiß oder farbig ist, hat nur geringe Bedeutung; diejenigen sind indes vorzuziehen, die etwas stärker sind, zugleich auf Grund ihrer Beschaffenheit und ihrer Widerstandsfähigkeit, die sie den geschickten Händen eines kühnen Modeschöpfers entgegenbringen.

Der gordische Knoten

Um also mit Leichtigkeit diesen gefürchteten Knoten binden zu können, muß man genau und umfassend über die *fünf Handgriffe* nachdenken, aus denen er entsteht und die wir im Detail nach und nach erklären werden.

1. Ist die Krawatte ausgewählt, so legt man sie so um den Hals, daß die äußeren Enden herunterhängen. *(dieselbe Tafel, Abb. 7)* Erster Handgriff.

2. Nehmen Sie nun die Spitze K, führen Sie sie innen hindurch und verbinden Sie sie (d.h. von unten nach oben) mit der Spitze Z, so wie es angezeigt ist. *(dieselbe Tafel, Abb. 8)* Zweiter Handgriff.

3. Drücken Sie nun diese Spitze K auf den halb gefertigten Knoten O, *(dieselbe Tafel, Abb. 9)* Dritter Handgriff.

4. Biegen Sie sie dann, ohne die Spitze K selbst loszulassen, nach innen um die Spitze Z, die Sie nach links Y legen, um sie dann in den Knoten zu führen, der auf diese Weise gebunden ist Y,O, *(gleiche Tafel, Abb. 10)* Vierter Handgriff. Auf

diese Weise gelingt ihnen der gewünschte Knoten.

5. Und nachdem Sie schließlich den Knoten kräftig angezogen haben und mit Daumen und Zeigefinger nachgedrückt haben oder, besser noch, mit dem in der vorigen Lektion erwähnten Bügeleisen geglättet haben, *(siehe Tafel A, Abb. 5)* legen Sie die beiden Spitzen K und Z überkreuz nach unten. *(dieselbe Tafel, Abb. 11)* Fünfter Handgriff. Stecken Sie irgendeine Nadel auf den Schnittpunkt H so haben Sie das berühmte Problem des *gordischen Knotens* gelöst.

Wer auch immer die perfekte Kenntnis von Theorie und Praxis dieses Krawattenknotens erwirbt, wird sich rühmen können, den Schlüssel zu allen anderen Knoten zu besitzen, deren Komposition offengestanden lediglich davon abgeleitet ist.

Eine Krawatte, aus der schon einmal ein gordischer Knoten gebunden wurde, kann anschließend nur noch als Krawatte für den Morgen oder als völlig lässige Krawatte dienen, denn sie wurde durch die Metamorphose zu sehr ermüdet.

Wenn dieser Knoten einmal beim ersten Versuch mißlungen ist, braucht man nicht mehr darauf zurückzukommen. Dies haben wir bereits gesagt.

Einem Fashionable, der begierig ist, binnen kurzer Zeit diesen unvergleichlichen Knoten perfekt zu binden, empfehlen wir, einen glatten und an den Enden abgerundeten Holzscheit mittleren Umfangs zu nehmen, um sich seiner zu bedienen, wie sich die Friseure des Perückenkopfes bedienen, um daran ihre ersten Versuche zu machen. Wir können ihm versichern, daß es ihm mit Geduld und Konzentration in kurzer Zeit gelingen wird, ein zufriedenstellendes Ergebnis zu erzielen, wenn nicht............ weil es besser wäre, mit seinen Versuchen sofort bei sich selbst zu beginnen.

(Denken Sie gründlich über die Abbildungen auf der Tafel nach, die zu Beginn dieser Lektion zu finden sind)

Dritte Lektion

Die orientalische Krawatte

(Tafel C, Abb. 12)

Die **orientalische Krawatte** soll in ihrer Form und in ihren Umrissen das getreue Abbild eines Turbans abgeben, so daß die beiden Enden (d.h. die beiden Spitzen) die Form eines Halbmondes annehmen. Für diesen Zweck legen wir ihn unter unser Kinn, während die Mohammedaner ihn für gewöhnlich oberhalb der Stirn tragen, ohne daß die Einführung und Annahme dieses Brauchs bei ihnen Folgen zeitigte.

Ein uns befreundeter Altertumsforscher, der besonders lange und gelehrte Nachforschungen über den Ursprung der

Krawatten angestellt hat, behauptete, daß die echte **orientalische Krawatte** nur aus einer dünnen Seidenschnur bestünde, letzter Modeschrei in der Türkei und vor allem bei gewissen Gelegenheiten sei es, sie etwas enger zu knüpfen, als es die menschliche Natur ertragen könne; sehr scharfsinnig fügte er hinzu, daß der Gebrauch dieser Krawatte für diejenigen Nachteile mit sich bringe, die plötzlich Order erhielten, sich damit zu schmükken.

Vielleicht hatte unser Freund, der Altertumsforscher, Recht, was die Türkei anbelangt; aber in Frankreich hat sich diese Mode noch nicht durchgesetzt, obwohl sie in Konstantinopel von den Ministeriellen als eine Wohltat der Kultur-und *Press(e)freiheit* angesehen wird. Die Moden wechseln indes so (1) häufig in Paris

(1) Wir glauben, daß der wirkliche Name der Krawatte, über die der Altertumsforscher sprechen will, die »Drosselkrawatte« ist; gewöhnlich schenkt sie der Großmeister selbst den Paschas mit einer, zwei oder sogar drei Spitzen, als letztes Pfand seiner Liebe und Gerechtigkeit. Im letzteren Fall sind Liebe und Gerechtigkeit in der Türkei das gleiche wie in Frankreich. *(Anmerkung des Herausgebers)*

daß man bei allem, was damit zu tun hat, nicht verzweifeln darf.

Darüber hinaus weiß jedermann, daß aus dem Orient all das zu uns kommt, was Geschmack, Geruchssinn, Augen und Phantasie entzückt; Edelsteine und Kaffee, Opium und Kaschmir. Es scheint, als habe sich die Natur ein Spiel daraus gemacht, alle ihre Schätze über diese erste Wiege der Menschheit auszuschütten. Nirgends zeigt sich die Schönheit mit mehr Reizen, nirgends trifft sie mit größerem Überfluß all das, was ihren natürlichen Glanz offenbaren und ihre Dauer verlängern kann. Darf man nach allem darüber erstaunt sein, daß wir von den europäischen Türken (denn man findet in der ganzen Welt Leute, die Türken genannt werden) eine der schönsten Formen übernommen haben, die der französischen Krawatte zu geben es gelungen ist???

Um sich vollendet die **orientalische Krawatte** anzulegen, muß die Krawatte einen kleinen Umfang haben, so daß sie nur zwei schwache Spitzen bietet, sie darf nur an den beiden Enden gestärkt sein, dort aber sehr stark, damit sie die Form behält, die eine geschickte Hand ihr zu geben verstanden hat. Zugleich muß man die größte Sorgfalt darauf verwenden, daß der Krawattenkörper keine einzige Falte wirft und, um zu diesem Ergebnis zu gelangen, ist es unbedingt erforderlich, einen Fischbeinkragen zu verwenden, denn die geringste Abweichung von dieser letzten Regel würde ihr die Bezeichnung »orientalisch« nehmen, so wie die Form des Turbans, die sie annehmen soll.

Die orientalische Krawatte darf niemals aus einem farbigen, karierten, gestreiften oder gepunkteten Stoff sein, sondern von strahlendstem Weiß und immer einfarbig. Batist, Mousseline, feine Baumwolle und besser als all das, weißer Kaschmir, sollen bevorzugt werden.

(Siehe die entsprechende Abbildung)

Vierte Lektion

Die amerikanische Krawatte

(Tafel C, Abbildung 13)

Die **amerikanische Krawatte** ist äußerst hübsch und sehr leicht auszuführen, vorausgesetzt, sie ist kräftig gestärkt.

Wenn sie nach allen Regeln der Kunst gebunden ist, sieht sie aus wie eine Säule, die dazu bestimmt ist, ein elegantes Kapitell zu tragen.

Sie zählt bei uns und bei unseren Nachbarn, den *Dandys* in Übersee, viele Anhänger, die sich der schönen Bezeichnung dieser Krawatte rühmen, nennt man sie doch auch die **Unabhängigkeitskrawatte**.

Die amerikanische Krawatte

Bemerken wir beiläufig, daß diese Bezeichnung bis zu einem gewissen Punkt anfechtbar ist; denn der Hals, um den eine solche Krawatte gelegt ist, ist wie ein Schraubstock eingezwängt, in dem jede Neigungsbewegung untersagt ist.

Die **amerikanische Krawatte** verlangt einen Fischbeinkragen; man ordnet sie zunächst so wie beim **gordischen Knoten** an: Die Enden werden ebenso wie bei Abbildung 8, Tafel 6 zusammengeführt und alle beide werden wie bei *Abbildung 9 (gleiche Tafel)* nach unten gezogen, sie werden unterhalb des Jabots wie bei der **Kaskadenkrawatte** befestigt.

Die bevorzugte Farbe dieser Krawatte ist *meergrun* oder, noch besser, blau, weiß und rot gestreift.

(Siehe die entsprechende Abbildung)

Fünfte Lektion

Die Krawatte
«Collier de Cheval»

(Tafel C, Abbildung 14)

Die Form dieser Krawatte, zu deren Gunsten sich ein großer Teil der Frauen aus allen Teilen der zivilisierten Welt ausgesprochen hat und zu deren Verbreitung sie dadurch beigetragen haben, daß sie ihre Ehemänner, ihre Geliebten und schließlich ihre Freunde und Bekannten dazu gebracht haben, sie anzulegen, hat vieles mit der **orientalischen Krawatte** gemeinsam, sieht man einmal von dem offenkundigen Halbmond ab, der ja, wie man weiß, den Ungläubigen aller Länder teuer ist.

Die Enden dieser Krawatte werden hinter dem Kragen befestigt oder unter den Falten versteckt, die auf jeder Seite ihrer Grundfläche entstehen. Wie man voraussehen kann, ist der Fischbeinkragen eine absolute Notwendigkeit, aber es ist unnütz, die Krawatte zu stärken.

Krawatten mit breiten horizontalen Streifen oder großen Punkten sind vorzuziehen. Die Farbe »*Russisch Leder*« paßt am besten zu ihr; zuweilen wird die schwarze Krawatte (Taft oder Seide aus Neapel) auf diese Art getragen, dann aber ist ein gefächertes Jabot unentbehrlich. (1)

Das Leben wird oft mit einer schwierigen Wegstrecke verglichen und, von die-

(1) Man versteht unter einem gefächerten Jabot dasjenige, welches in *kleine flache Falten* gelegt ist und schon mit einer Seite mittels einer Nadel auf dem oberen Teil befestigt ist, also das, was durch den unteren Teil auf die gegenüberliegende Seite geführt wird und auf dem unteren Teil der Krawatte eine Art Fächer bildet, indem es deren Unterbau und Knoten versteckt.
(Anmerkung des Herausgebers)

ser philosophischen Idee ausgehend, ist man wahrscheinlich zu dem Schluß gelangt, daß das »**Collier de Cheval**« den Mann sehr gut kleidet, der zuweilen von der drückenden Last schwerster Leiden geplagt wird. Seine Krawatte so anzulegen ist indes sehr vulgär und, wenn wir sie hier verzeichnet haben, so vielmehr als Beispiel schlechten Geschmacks denn als nachahmenswertes Modell.

Die Krawatte »**Collier de Cheval**« wird nicht gestärkt, sie wird gefaltet, wie es auf *Tafel A, Abb. 1* angegeben ist.

(Siehe auch die zu Beginn der Lektion angekündigte Abbildung)

Sechste Lektion

Die gefühlsbetonte Krawatte

(Tafel C, Abbildung 15)

Allein der Name dieser Krawatte sollte Hinweis genug sein, daß sie nicht unterschiedslos zu allen Gesichtern paßt.

Oh Ihr, deren Wangen die Natur nicht gefällig gerundet, deren Haut sie nicht satiniert, deren Augen sie nicht mit Leben erfüllt, deren Teint sie nicht mit Lilien und Rosen durchsetzt hat, Ihr schließlich, denen diese launische Natur weder Perlen als Zähne noch Korallen als Lippen gegeben (was nicht sehr angenehm wäre!!), Ihr, mit einem Wort, deren Gesicht nicht die sympathische Anziehungskraft hat, die auf der Stelle in den Herzen für Verwirrung sorgt, alle Gedanken in Unordnung bringt, hütet euch davor, einen Kopf zu heben, der demjenigen eines Zuckerbäkkers gleichen könnte oder dem der meisten Stammgäste des Café de la Régence...!

Wir wiederholen es, hüten Sie sich davor und versichern Sie sich dessen im voraus, wenn Ihre Physiognomie nicht Liebe, Liebessehnen, Leidenschaft ausatmet; und wenn Sie vorhaben, sich die *gefühlbetonte Krawatte* anzulegen, so wird man bald alle Züge des Lächerlichen an Ihnen entdecken.

Die **gefühlsbetonte Krawatte** kann sozusagen nur der Jugend zugedacht weden; es muß noch etwas Kindliches auf der ganzen Persönlichkeit dessen liegen, der sich damit schmücken will. Wenn dem so ist, kann man sie anlegen, man beginnt damit im Alter von siebzehn Jahren. Wenn einmal die siebenundzwanzig überschritten sind, kann sie sich auch der angenehmste junge Mann nicht mehr erlauben.

Im übrigen wird man nicht bestreiten, daß diese Krawatte das genaue Gegenteil der **orientalischen** oder des »**Collier de Cheval**« ist. Es ist vor allem nötig, sie sehr zu stärken, besser noch, sagen wir, sie muß äußerst steif sein; ein einziger Knoten, *Rosette* genannt, befindet sich an ihrem oberen Teil, so nah wie möglich am Kinn. Man bevorzugt besonders bei dieser Krawatte einen zarten Rosaton, den langjährige Botaniker unter der Bezeichnung »*erregte Nymphenschenkel*« kennen oder, besser noch, ein helles Gelb, das unter dem Namen »*verliebter Kanarienvogelschwanz*« bekannt ist.

Die gefühlsbetonte Krawatte wird besonders gern in der Provinz getragen. In Paris begegnet man ihr selten.

Sie wird am besten aus Perkal oder Batist gefertigt.

(siehe Abbildung)

Siebte Lektion

Die Byronkrawatte

(Tafel C, Abbildung 16)

Da es immer etwas Erstaunliches in all dem gegeben hat, was aus dem eigenwilligen Genie Lord Byrons hervorgekommen ist, so mußte man auch nicht damit rechnen, in der Art der Krawatte, für die dieser romantische Dichterfürst sich entschieden hatte, weder ausgesuchte Eleganz noch peinliche Genauigkeit zu finden, die im allgemeinen die Krawatten der Fashionables seines Vaterlandes charakterisieren.

Kein Zweifel, daß die geringste Druckausübung auf den Körper auch fast immer

Auswirkungen auf den Geist hat. Wer könnte also sagen, bis zu welchem Punkt eine mehr oder weniger gestärkte oder zusammengezogene Krawatte den Schwung der Phantasie oder den Gedanken ersticken kann?

Man muß indes glauben, daß der berühmte Dichter des »Korsaren« den Einfluß der Krawatte auf seine Phantasie fürchtete, und er nur dann eine trug, wenn er gezwungen war, sich den Sitten des wirklichen Lebens zu unterwerfen; und was diese Behauptung noch stützen könnte, ist die Tatsache, daß in den noch vor seinem Tod veröffentlichten Portraits des adeligen Lords, in denen er auf der Höhe seines Schaffens abgebildet ist, sein Hals von allen Fesseln einer Krawatte gelöst ist, *»wie der eines ungezähmten Rennpferdes, das frei von jeder Art Zügel ist.«(1)*

Die Krawatte, der der berühmteste Dichter unserer Epoche ihren Namen gegeben hat, unterscheidet sich erheblich von der großen Mehrheit der anderen Krawatten. Dieser Unterschied betrifft die er-

(1) Der Korsar

sten Schritte, sie anzulegen. Anstatt sie in der Tat zunächst um den vorderen Teil des Halses zu legen, legt man sie, ganz im Gegenteil, um den Nacken, um anschließend die beiden Enden nach vorne unter das Kinn zu führen, und um sie zu einem großen, weiten Knoten oder einer Rosette zu binden, deren Länge zumindest sechs Daumen und deren Breite vier Daumen umfaßt.

Diese Krawatte ist sehr bequem im Sommer und auf Reisen, weil sie dem Hals absolute Freiheit läßt, da sie nur einmal um ihn herum gelegt ist.

Ihre Farbe muß weiß oder schwarz sein; sie darf nicht gestärkt werden, und sie wird gefaltet, wie es auf *Tafel 1, Abbildung A* zu sehen ist.
(Siehe die entsprechende Abbildung zu Beginn dieser Lektion, Tafel C, Abb. 16)

Achte Lektion

Die Kaskadenkrawatte

(Tafel C, Abbildung 17)

Um seine Krawatte in Form eines Wasserfalles oder, wenn man so will, in Form eines Springbrunnens anzulegen, muß man einen einzigen Knoten knüpfen und zwar so, wie er in der zweiten Lektion *Tafel B, Abbildung 8* zu sehen ist, wobei ein Ende bedeutend länger als das andere sein muß.

Das längere Ende wird zunächst nach innen durchgezogen, wie es auf der genannten Tafel und Abbildung zu sehen ist, und es muß dann so nach unten gezogen werden, daß der gesamte Knoten bedeckt ist. Entfalten Sie es dann sorgfältig und geben Sie ihm das größtmögliche Ausmaß; wenn Sie es dann am äußersten Ende, unterhalb des Hemdjabots, befestigen, werden Sie ein vollkommenes Bild des Wasserfalls oder Springbrunnens haben, der sich aus dem Becken des Palais Royal erhebt.

Diese Krawattenart wird besonders von den Kammerdienern vornehmer Häuser, von Tilbury-Kutschern, Friseuren und anderen Fashionables gleichen Zuschnitts getragen.

Die Kaskadenkrawatte darf niemals gestärkt werden; der beste, wir würden sogar sagen der einzige passende Stoff ist Mousseline aus Rouen oder St. Quentin, die sogenannte *Schleiermousseline*.

(Siehe die entsprechende Tafel)

Neunte Lektion

Die Bergamikrawatte

(Tafel C, Abb. 18)

Es ist ganz natürlich, daß der Name Bergami, der seit zehn Jahren durch eine berühmte und unglückliche Laune bekannt ist, auch heute noch durch die Mode geheiligt ist. Wenn es wahr ist, daß der Venusgürtel die Macht hatte, selbst die Götter des Olymp zu verführen, so hat die Bergamikrawatte genügend Reize, den irdischen Göttinnen, die wir gemeinhin Prinzessinnen nennen, den Kopf zu verdrehen.

Dieser wertvolle Talisman (denn er wurde als solcher angesehen) hatte, so sagt man, die Kraft, in der Zeit, über die wir soeben sprachen, Distanzen aufzuheben, zu erniedrigen, was erhoben war, und besser noch als das, mit Sorgen die Stirn des Meereskönigs selbst zu bedecken, indem er ihm eine gewisse Ähnlichkeit mit Acteon nach seiner Metamorphose verlieh.

Ebenso wie die **Byronkrawatte**, mit der sie viel Ähnlichkeit aufweist, wird die *Bergami* zunächst um den Hals gelegt, dann führt man die beiden Enden nach vorne und überkreuzt sie, ohne einen Knoten zu machen; dann befestigt man jedes von ihnen an den Hosenträgern. Einige Neuerer nutzen die Länge dieser beiden Enden sogar, um sie unter den Achselhöhlen hindurchzuführen und sie auf dem Rücken zusammenzubinden, so wie dies zuweilen bei der Ballkrawatte geschieht; aber dann muß sie einen großen Umfang haben, vorbereitet und gefaltet sein wie diejenige auf *Tafel B, Abbildung 6*.

Die **Bergami** hat einen sehr verführerischen Effekt, sie verleiht der Physiognomie einen Ausdruck von Liebessehnen und Sinnenlust zugleich, dem zu widerstehen man alle Mühe der Welt hat.

Die unter dem Namen *Liebeslippen* bekannte Modefarbe paßt vorzüglich zu ihr. Aber nun verlangt die Krawatte eine große Menge Stärke und eine besondere Festigkeit (wenn wir uns so ausdrücken dürfen), die anderen Krawatten zu geben man sich sehr wohl hüten muß.

Berühmte Beispiele haben bestätigt, daß nichts der **Bergamikrawatte** widerstehen konnte. Als aufmerksamer Beobachter indes haben wir geglaubt festzustellen, daß ihre Erfolge noch sicherer wären, wenn der Hals, der damit geschmückt wird, auf zwei breiten Schultern ruht, den eines jener Gesichter krönt, dem große schwarze und lebendige Augen, schwarze, wohlgeformte Augenbrauen, ein dichter Backenbart derselben Farbe, einen energischen und männlichen Ausdruck verleihen: Das Ganze von einem Paar Waden getragen, denen die des Herkules als Vorbild gedient haben.

(Siehe die angegebene Abbildung)

Zehnte Lektion

Die Ballkrawatte

(Tafel C, Abbildung 19)

Die **Ballkrawatte** darf keinen Knoten haben; sie wird wie die **Bergamikrawatte** an beiden Hosenträgern oder mit Nadeln auf beiden Seiten des Hemdes befestigt; einige knüpfen sie auf dem Rücken zusammen, indem sie beide Enden unter den Achseln hindurchführen; aber die letztere Art wird durch das durch verschiedene Körperbewegungen verursachte Hin und Her beim Tanzen oft hinderlich; wir empfehlen daher vorzugsweise die beiden ersten Arten. Diese Krawatte muß einfach und bereits gefaltet sein, so wie es auf *Ta-*

Die Ballkrawatte

fel B, Abbildung 6 dargestellt ist; sie sollte besonders groß sein.

Im übrigen bietet die sorgfältig und genau gebundene **Ballkrawatte** durch ihre Einfachheit einen reizvollen Anblick. Zugleich hat sie die elegante Strenge der **mathematischen Krawatte** und die *Lässigkeit* der Bergami; sie vereint in sich die Vorzüge beider Krawattenarten, aus denen sie sich offengestanden zusammensetzt.

Fügen wir hinzu, daß für die Ballkrawatte jede erdenkliche Farbe verboten ist, einzig das *reine Weiß* ist zulässig.

Anmerkung: Eine Ballkrawatte darf niemals zu sehr gestärkt sein.

(Siehe die entsprechende Abbildung)

Elfte Lektion

Die
mathematische Krawatte

(Tafel C, Abbildung 20)

Symmetrie und Regelmäßigkeit sind die
Seele aller Künste. Man ist erfreut, trifft
man zuweilen in einer Märchenlandschaft
auf den knotigen und gebeugten Stumpf
einer alten Eiche; aber das Auge verweilt
mit noch größerem Vergnügen vor einer
dieser schönen Säulen, die die Griechen
erfanden, um ihre majestätischen Bau-
werke zu tragen, deren Ruinen heute
noch die Bewunderung aller Welt hervor-
rufen.

Desgleichen ist alles Symmetrie und
Regelmäßigkeit bei der **mathematischen**

Die mathematische Krawatte

Krawatte; sie ist von ernster und strenger Ordnung und gestattet keinerlei Falte. Ihre Enden müssen eine geometrische Genauigkeit aufweisen; man bedarf fast eines Kompasses, um sie anzulegen.

Die beiden Enden sollen von jeder Seite aus schräg nach unten gehen, so daß sie durch ihren Schnittpunkt zwei spitze Winkel bilden. Alle Falten verlaufen horizontal und streben zur Mitte der Krawatte; sie bilden die beiden Spitzen und gegenüberliegenden Winkel des Dreiecks, welches die mathematische Krawatte immer peinlich genau darstellen muß.

Die Farbe schwarz wird im allgemeinen bei dieser Krawattenart bervorzugt; man trägt sie aus Taft, aber häufiger aus Levantine und sogar aus Barrège. Der Fischbeinkragen ist unentbehrlich.

(Siehe die angegebene Abbildung)

Zwölfte Lektion

Die irische Krawatte

(Tafel C, Abb. 21)

Diese Krawatte hat große Ähnlichkeit mit der mathematischen Krawatte; auf den ersten Blick scheint sie sogar völlig identisch mit ihr zu sein; nichtsdestotrotz unterscheidet sie sich durch die Anordnung ihrer Enden, die bei der **irischen Krawatte** zunächst vorne an ihrem Berührungspunkt verknüpft werden, sodann werden sie zur Festigung ineinander verschlungen und kehren jeweils auf dieselbe Seite zurück, von der sie gekommen sind, um hinter dem Hals befestigt zu werden, während sie sich bei der **mathemati-**

schen Krawatte überkreuzen, und zwar immer peinlich genau. Dieser wichtige Unterschied, den ein oberflächlicher Betrachter nicht auf den ersten Blick wahrnehmen wird, wird zuallererst von einem Fashionable erkannt werden, dessen Auge auf diesem Gebiet geübt ist.

Bei der **irischen Krawatte** ist überhaupt keine Farbe vorzuziehen. Sie wird ungestärkt getragen, aber der Fischbeinkragen ist für sie unerläßlich.

(Siehe die entsprechende Abbildung)

Dreizehnte Lektion

Die
Krawatte »à la Maratte«

(Tafel C, Abbildung 22)

Die so angelegte Krawatte muß immer aus besonders schöner und rein weißer indischer Mousseline sein. Ebenso wie die Byronkrawatte wird sie zunächst um den hinteren Teil des Halses geführt. Die beiden Enden werden dann nach vorne gezogen und wie die Glieder einer Kette ineinander verschlungen. Wenn man die beiden Enden nicht wie bei der **Ballkrawatte** befestigt (d.h. an den Hosenträgern oder auf dem Rücken, indem man sie unter den

Die Krawatte „à la Maratte"

Achseln hindurchführt), kann man sie unendlich bis unter das Jabot verlängern.

Wir haben diese letztere Krawattenform bei mehreren unserer nicht plädierenden, ja sogar bei einigen unserer berühmtesten plädierenden Anwälte gefunden.

Die »Maratte« darf niemals gestärkt werden und wird ganz einfach gefaltet.

(Siehe Tafel A, Abbildung 1 und die zu Beginn dieser Lektion angegebene Abbildung)

Vierzehnte Lektion

Die Feinschmeckerkrawatte

(Tafel C, Abbildung 23)

Ein Stoff, gleich welcher Webart, immer ungestärkt, höchstens drei Finger hoch gefaltet und eher um den Hals geworfen als gebunden, macht einzig und allein die echte Feinschmeckerkrawatte aus; aber was sie insbesondere von allen anderen Krawatten unterscheidet, ist eine Art »fließender« Knoten, der ihre beiden Enden hält.

Die Dehnbarkeit dieses Knotens erinnert sehr an den **gordischen Knoten** *(sie-*

Die Feinschmeckerkrawatte

he Tafel B) jedoch mit dem Unterschied, daß er so ausgedehnt werden muß, daß er sich löst und er der geringsten Bewegung des Nackens, der kleinsten Schwankung des Gebisses und sogar dem leichten Anschwellen der Gurgel nachgibt, das fast immer, vor allem bei Feinschmeckern, die Atmung erschwert.

Im Falle einer Magenverstimmung, eines Schlaganfalles oder einer Ohnmacht hat dieser Knoten den wundersamen Vorteil, sich von selbst ohne die Hilfe einer fremden Hand zu lösen.

Die **Feinschmeckerkrawatte** wird niemals vor Erreichen des vierzigsten Lebensjahres getragen, dies hängt jedoch auch vom Klima und der Konstitution ab. Daß man sie in Frankreich mehr als sieben Jahre lang ohne Unterbrechung trägt, ist selten, da es Brauch ist, sie nur zwischen fünf und sechs Uhr nachmittags anzulegen, es gäbe zuweilen sogar schwerwiegende mißliche Begleiterscheinungen, zeigte man sich mit ihr schon am Morgen.

Das »*Mainzer Schinkenrossa*« und das »*Gefüllte Gänselebergelb*« galten lange als Modefarben der *Feinschmeckerkrawatte;* aber vor sechs Monaten oder etwa einem Jahr sind diese beiden Farben mit großem Erfolg durch das »*Perigord-Trüffel-Schwarz*« ersetzt worden. Unglücklicherweise unterliegt diese flüchtige Nuance einer großen Zahl von Varianten und sie entschwindet fast immer in dem Augenblick, in dem man glaubt, sie erfaßt zu haben.

Ein ehrbarer Feinschmecker war, so sagt man, des Wankelmuts überdrüssig, der seinen Verstand auf die Folter spannte, er hat sich, obwohl er nicht viel litt, schließlich für die Farbe »*Taubenkehle*« entschieden. Dank dieser glücklichen Verbindung aller nur erdenklichen Farbnuancen wird er immerhin noch drei Jahre lang mit unerschütterlichem Blick alle Launen der Mode und alle Spiele dieses so launischen Geschicks verfolgen, er ist sich sehr sicher, daß er bei jeder Gelegenheit die vorherrschende Farbnuance in seiner Krawatte all jenen zeigt, die auf den Gedanken kommen sollten, sie von sehr nahe zu betrachten.

Fast alle unsere Staatsmänner haben die **Feinschmeckerkrawatte** angelegt, diesen Winter schien diese Mode in der hauptstädtischen höheren Gesellschaftsschicht und sogar in den Provinzen für Aufsehen zu sorgen. Wir zählten an einem einzigen Tag in Paris bis zu dreihundert Personen, die damit - ohne Kragen - geschmückt waren.

(Siehe die Abbildung zu Beginn der Lektion)

Fünfzehnte Lektion

Achtzehn bis heute unbekannte Arten, seine Krawatte anzulegen

---

(Tafel D, Abb. 24, 25, 26, 27, 28, 29, 30, 31 und 32)

Obwohl diese Lektion für sich allein achtzehn Arten ankündigt, die Krawatte anzulegen, ist sie kaum länger als die vorhergehenden, weil diese meistens von den schon genannten Arten - von einigen Abweichungen abgesehen - abgeleitet sind. Daher steht sie an vorletzter Stelle, denn es ist wohlgemerkt unverzichtbar, zuerst die vorhergehenden zu studieren und zu verstehen. Wie es einem jungen Schüler unmöglich wäre, das dritte Buch der Geometrie von Legendre zu erklären, kennte er nicht schon die beiden ersten, so wäre es zugleich für die Veteranen unserer Fashionables völlig unmöglich, die Theorien dieser Lektion anzuwenden, hätten sie nicht über die vorhergehenden nachgedacht.

Die Jagdkrawatte

Diese Krawatte, die von einigen Eleganten auch **Dianakrawatte** genannt wird, (obwohl nicht anzunehmen ist, daß diese Göttin, die immer im Ruf stand, etwas wild zu sein, jemals eine Krawatte getragen hat) die Jagdkrawatte, so sagen wir also, wird doppelt überkreuzt auf dem Hals auf die Art und Weise getragen, wie wir es für die **amerikanische Krawatte** angegeben haben. *(Tafel C, Abb.13)*

Sie darf nicht gestärkt werden und wird ganz einfach, so wie es auf *Tafel A, Abb.1* gezeigt ist, gefaltet, ihre Farbe muß zumindest dunkelgrün sein, wenn nicht sogar das Grün eines welken Blattes, die Farbe, die am meisten gesucht ist.

(Siehe Tafel D, Abb.24)

Fünfzehnte Lektion

Die Dianakrawatte

Absolut die gleiche wie die vorherige, mit dem Unterschied, daß sie immer weiß sein muß.

Die englische Krawatte

Sie wird auf dieselbe Weise gebunden wie der **gordische Knoten**, nur wird sie niemals gestärkt.
(Siehe Tafel B, Abb. 6, 7, 8, 9, 10 und 11)

Die Unabhängigkeitskrawatte

Sie ist keine andere als die amerikanische; sie wird nur in der Farbkombination rot, blau und weiß getragen und läßt keine anderen Farbnuancen zu.
(Siehe Tafel C, Abb. 13)

Fünfzehnte Lektion

Die Kofferkrawatte

Sie wird auf dieselbe Weise gebunden wie der **gordische Knoten**, mit dem Unterschied, daß man die Enden, anstatt sie hinunterzuführen, nach innen in den Knoten schlägt; aber diese Krawatte sollte möglichst geringe Ausmaße haben; sonst wäre es gänzlich unmöglich, die Spitzen zu verbergen, die zusammen mit dem Knoten wie ein Koffer oder eine Reisegarderobe aussehen sollen.

Ihre bevorzugte Farbe ist *Schafleder* oder, was unendlich vornehmer aussieht, *Russisch Leder*.

Die Muschelkrawatte
genannt *Jungfräulichkeit*

Diese Krawatte muß so wie jene Meeresmuscheln aussehen; bei ihren zahlreichen Liebhabern ist sie sehr bekannt und gesucht und wird mit dem Namen *Jungfräulichkeit* bezeichnet. Sie sieht sehr originell aus und ist leicht zu binden. Sie besteht einfach aus einem doppelten oder dreifachen Knoten, der aus ihren beiden Enden gebunden ist, die nach hinten geführt und dort befestigt werden. Es ist überflüssig, die **Muschelkrawatte** zu stärken. Man kann den Fischbeinkragen hilfsweise verwenden oder auch nicht.

Was die Farbe dieser Krawatte angeht, so kann man, da ja die Farben der Jungfräulichkeit unbegrenzt variieren, diejenige auswählen, die mehr dem Geschmack und dem Auge gefällt.

(Siehe Tafel D, Abb. 26)

Die Reisekrawatte

Sie wird auf die gleiche Weise wie die **Byronkrawatte** angelegt.

(Siehe Tafel C, Abb.16)

Die Dörflerkrawatte

Sie wird zunächst wie die **Byronkrawatte, die Bergamikrawatte, die Jagdkrawatte** und die Krawatte à la **Talma** angelegt; nur wird der Knoten - die Spitzen der Enden läßt man flattern - gebunden,

indem man den Kragen seines Hemdes auf
dieselbe Weise wie bei der Jesuitenkrawatte umschlägt.
*(Siehe Tafel D, Abb. 32, und dieselbe
Tafel, Abb. 27)*

Diese Art, seine Krawatte anzulegen,
hat den großen Vorteil, daß man Sie an
keinem öffentlichen Ort einläßt, empfängt
oder hindurchläßt und daß man Sie in Privathäusern (auf sehr höfliche Weise versteht sich) vor die Türe setzt, wenn man
bemerkt, daß Sie ihre Krawatte auf eben
diese Weise angelegt haben. Im übrigen
hat die **Dörflerkrawatte** unendlich viele
Reize; sie darf nicht gestärkt werden und
wird vorzugsweise aus Seide und Kaschmir in allen Farbtönen getragen.

Die Springbrunnenkrawatte

Sie ist von gleicher Art wie die **Kaskadenkrawatte**.
(Siehe Tafel C, Abb. 17)

Die Herzensbrecherkrawatte

Sie wird wie die **Bergamikrawatte** getragen; also braucht sie auch die gleiche

Vorbereitung und muß die gleichen Eigenschaften haben wie sie; ihre bevorzugte Farbe ist »*Ochsenblutrot*«.
(Siehe Tafel C, Abb.18)

Die Faulenzerkrawatte

Die **Faulenzerkrawatte** ist zweifelsohne eine der hübschesten und angenehmsten Arten, die wir kennen, seine Krawatte anzulegen. Unglücklicherweise vernachlässigt man sie für gewöhnlich, (denn das kann nicht Mode sein), weil sie folgende beiden Vorteile in sich vereinigt: den ersten, das Hemd desjenigen, der sie trägt, zu verstecken, den zweiten, alle Schönheiten des Stoffes, für den man sich entschieden hat, hervorzuheben.

Man braucht nur eine Sekunde, um die **Faulenzerkrawatte** bequem anzulegen.

Man muß sie zunächst vorbereiten, wie es auf *Tafel A, Abb. 2* angegeben ist; dann legt man sie am vorderen Hals an und, nachdem man die beiden Enden hinten zusammengeführt hat, zieht man sie nach vorn, indem man sie auf der Brust überkreuzt, so wie es auf *Tafel D, Abb. 28* zu sehen ist.

Fünfzehnte Lektion

Die Krawatte wird gestärkt oder nicht gestärkt, *ad libitum*.

Beiläufig sollte angemerkt werden, daß sie nur von verheirateten Männern oder »alten Knaben« getragen wird. Man sollte besonders Krawatten wählen, die man schon benutzt hat.

Die romantische Krawatte

Sie ist die gleiche wie die **Byronkrawatte**; sie wird vorzugsweise auf dem Lande getragen; die Farbe *Solitär (Diamant)* paßt am besten zu ihr.
(Siehe Tafel C, Abb.16)

Die Treuekrawatte

Sie ist die gleiche wie die **mathematische Krawatte**. Alle ehemaligen Pariser Nationalgardisten trugen sie auf diese Art, wenn sie uniformiert waren. Sie verlangt einen Fischbeinkragen und muß von schwarzer Farbe sein; man soll auch dafür sorgen, daß sie nur in Verbindung mit einem Hemdkragen von strahlendstem Weiß getragen wird.
(Siehe Tafel C, Abb. 20)

Fünfzehnte Lektion

Die Talmakrawatte

Diese Krawatte wird nur noch im Trauerfall getragen. Sie wird am Hals angelegt, wie die **Byron- oder Bergamikrawatte** *(Siehe Tafel C, Abb. 16 und 18)*, indem man sie zu einem halben Knoten auf die obengenannte Weise bindet.
(Siehe Tafel D, Abb. 29)

Die italienische Krawatte

Sie wird wie die **irische Krawatte** angelegt *(Siehe Tafel C, Abb. 21)*; man legt lediglich, anstatt die Enden zu überkreuzen und sie ineinanderzuhaken, über jedes von ihnen einen Ring gleich welcher Art, und man führt die beiden Enden jeweils auf dieselbe Seite zurück, von der aus sie kommen, indem man sie hinten mittels eines kleinen Knotens befestigt.
(Siehe Tafel D, Abb. 30).
Diese Krawatte erfordert einen Fischbeinkragen; sie muß nicht gestärkt werden und soll so vorbereitet werden, wie es auf *Tafel A, Abb. 1* angezeigt ist. Sie wird immer in der Farbe Weiß getragen; Mousseline sollte bevorzugt werden.

Die Diplomatenkrawatte

Sie ist die gleiche wie die Feinschmekkerkrawatte.
(Siehe Tafel C, Abb. 23)

Die russische Krawatte

Sie ist keine andere als diejenige, die mit einem Fischbeinkragen versehen immer und ausnahmslos hinter dem Hals zusammengeknüpft wird, ohne daß die Enden nach vorne geschlungen werden; sie müssen verborgen bleiben, nicht unter der Krawatte, sondern sehr wohl längs des Rückens und zwar so, daß sie bei keiner Gelegenheit sich lösen und aus der Weste hervortreten können.
(Siehe Tafel D, Abb. 31)
Diese Krawatte wird gestärkt oder nicht, und man trägt sie in allen möglichen Farben und Stoffen.

Die Jesuitenkrawatte

Dies ist die Art und Weise, keine Krawatte zu tragen, trotzdem aber den Anschein zu erwecken, eine zu haben. Aber zu diesem Zweck braucht man eine eigens angefertigte, panzerförmige Weste, deren Kragen vorne mit einem Haken befestigt ist, und der hoch genug reicht, den Hals völlig zu verbergen. Der Hemdkragen muß umgeschlagen sein und eine Art Beffchen bilden.

(Siehe Tafel D, Abb. 32)

Obwohl diese Art, seine Krawatte zu tragen, seit einigen Jahren ziemlich verbreitet ist, gehörten wir niemals zu ihren Anhängern, nicht nur, weil sie nichts Anmutiges für das Auge hat, sondern weil wir uns rühmen, all das von Herzen zu hassen, was ihrer Benennung oder Bezeichnung ähnelt oder sich damit verbindet.

Wenn wir nun diese vorletzte Lektion beenden, werden wir, obwohl wir die Farben bezeichnet haben, die die Mode als die geeigneteste für eine jede Krawattenart bestimmt hat, daraufhinweisen, daß wir nicht die Absicht haben, die Einfachheit der Farbe Weiß auszuklammern, die ohne Unterschied für alle Krawatten zugelassen werden kann.

Sechzehnte und letzte Lektion

Wichtige Ratschläge

Die erste Hilfe, die man jemandem gibt, der zu ersticken droht, in Ohnmacht fällt oder dem es einfach schlecht geht, ist die, ihm zunächst die Krawatte zu lösen und sie ihm sofort abzunehmen, wenn es sein Zustand verlangt.

Einen anständigen Mann an seiner Krawatte zu packen, bedeutet, ihm eine ebenso verletzende Kränkung zuzufügen, wie ihm eine Ohrfeige zu geben. Will man seine Ehre nicht verlieren, können das eine wie das andere nur noch durch das Blut besiegelt werden.(1)

(1) Meinung einiger Schüler, Jura- und Medizinstudenten. *(Anmerkung des Herausgebers)*

*

Man muß auch den Knoten lockern, lösen und seine Krawatte ganz ablegen, bevor man sich dem Studium, der Lektüre und all dem hingibt, was entweder geistige Anstrengung oder vergnügte Sinnesübung verlangt.

*

Leute mit kurzem Hals, hohen Schultern und sehr farbigem Gesicht, solche die Kopfschmerzen haben, deren Schläfen pochen, deren Augen hin und her gehen, solche, die leicht eine Angina bekommen oder, als Folge dieser Krankheiten, in einem fortgeschrittenen Stadium geschwollene und chronisch entzündete Mandeln haben, alle diese Leute müssen, was den Gebrauch von Krawatten angeht, sehr aufpassen; wenn sie zu große oder zu enge

Wichtige Ratschläge

tragen, setzen sie sich der Gefahr eines Schlaganfalles aus oder lassen Anfälle und Krankheiten wieder ausbrechen, von denen sie bereits befallen sind. In den meisten Fällen können Migräne und Kopfschmerzen durch das Aufknöpfen der Krawatte gelindert werden.

Wenn Sie die Gewohnheit angenommen haben, mit Krawatte zu schlafen, müssen Sie sich davor hüten, sie zusammenzuziehen; man errät leicht den Grund dafür: Asthmakranke und Menschen mit Alpträumen sollten sie vor allem sehr locker halten; bei organischen Erkrankungen des Herzens und der Hauptgefäße sollte sie grundsätzlich untersagt sein; d.h. man sollte sie nur mit größter Zurückhaltung verwenden und nur dann tragen, wenn man zu entsprechender Kleidung verpflichtet ist.(1)

(1) Auffassung von *Dr. Percy* über den Gebrauch der Krawatte bei gewissen Anlässen.
(Anmerkung des Herausgebers)

Sechzehnte Lektion

Schließlich darf jemand, der reist und etwas auf sich hält, es auf keinen Fall versäumen, sich mit einer Schachtel für seinen Krawattenkollektion zu versehen. Diese Schachtel muß mehrere Abteilungen oder Doppelböden haben und folgende Ausmaße aufweisen: eineinhalb Fuß Länge auf sechs Daumen Tiefe.

Die Schachtel soll geeeignet sein, folgenden Inhalt aufzunehmen:

1. Mindestens ein Dutzend einfarbiger weißer Krawatten.

2. Ebensoviele karierte, gestreifte oder gepunktete weiße Krawatten.

3. Ein Dutzend farbige und Modekrawatten.

4. Ein Dutzend Halstücher, einfarbig und bunt.

5. Mindestens drei Dutzend Hemdkragen.

6. Zwei Fischbeinkragen.

7. Zwei schwarze Seidenkrawatten.

8. Ein kleines Bügeleisen, auf das bereits in der ersten Lektion hingewiesen wurde.

9. Als letzter Artikel möglichst viele Exemplare dieses berühmten Werks, es muß nicht unbedingt gebunden sein, damit es flacher bleibt.(1)

(1) Meinung des Herausgebers.

Schlußfolgerung

Über die Bedeutung der Krawatte

in der Gesellschaft

Ein Mann von Welt stellt sich in einem berühmten Kreis vor, in dem man sich rühmt, Geschmack und Geist zu besitzen. (In Sachen Kleidung wohlgemerkt). Er grüßt, man grüßt ihn,... Wie geht es Ihnen?.....etc.,...etc.,......... Die Höflichkeiten, die er empfängt, werden immer danach ausfallen, was er unter seiner Krawatte versteht, mehr noch, wie er gekleidet ist: gerade dies prüft man zuerst.

Hat er zu *dreiviertel* eine ganz unifarbene Krawatte, anspruchslos befestigt wie

Über die Bedeutung der Krawatte

ohne Appretur? Man wird nicht einmal mehr darauf achten, ob der Schnitt seiner Bekleidung dem vorletzten Modestil entspricht. Man wird andere Details vernachlässigen und nur auf seine Krawatte achten; man wird ihm einen kühlen Empfang bereiten, man wird sich kaum erheben, um ihn zu empfangen.

Aber ist der Knoten seiner Krawatte nicht von einem Könner gebunden?? Sollte sein Gewand nicht von Bardes, Thomasin oder Walker(1) stammen! Plötzlich benimmt man sich respektvoll, stürzt sich auf ihn und bietet ihm den Sessel an, auf welchem man eben noch selbst saß, alle Blicke sind auf diesen Teil seiner Person gerichtet, der die Schultern vom unteren Teils des Gesichts trennt. Sollte er sprechen, hört man ihm aufmerksam zu, sollte er nichts als Dummheiten sagen, wird er in den Himmel gehoben.... Dies ist ein Mensch, der gründlich und umfassend die folgerichtig aufgebaute Theorie der *zweiunddreißig Arten, seine Krawatte zu binden, studiert hat.*

Im Gegensatz dazu wird der arme junge Mann, der nicht einmal weiß, daß der Sohn des verstorbenen Baron de L'Empésé ein Werk über diesen bedeutenden Gegenstand verfaßt hat, mag er auch noch so vernünftig, gebildet und talentiert sein, wie gesagt, der arme junge Mann wird gezwungenermaßen für einen Dummkopf gehalten, und was noch schlimmer ist, er wird die Unverschämtheiten des Gecken dulden müssen, der ihn von oben herab mit seiner Größe empfangen wird, weil seine Krawatte und der Knoten, der sie hält, in keiner Weise der seinigen gleichen. Mehr noch, er wird sich gezwungen sehen, ihm stillschweigend zuzuhören und zu bestätigen, (man will ja nicht als unerfahren gelten) alle Dummheiten, die zu verzapfen ihm einfallen werden, anzuhören, ohne eine andere Tröstung zu haben, als die, um sich herum murmeln zu hören: *Bah, er weiß doch nur nicht seine Krawatte zu binden!!!*

ALPHABETISCHES VERZEICHNIS

DER

HERSTELLER, HÄNDLERINNEN UND HÄNDLER

VON

KRAWATTEN, HALSSTÜCKEN UND KRAGEN

———

Krawatten und Halstücher

ALEXANDRE, Palais-Royal, galerie de pierre, n. 70 et 71.
BARUCH (Gr.) frères, (1) *idem*, galerie vitrée, n. 233. *Au Nœud Gordien.*

(1) Wir können unseren Lesern und anderen Fashionables das reichhaltige und elegante Angebot des Monsieur Baruch nicht oft genug empfehlen.

BLANCHARD, galerie Delorme, n. 7.

BOURGEOIS-DUMOULIN, rue de Bussy, n. 2. *Aux Dames Françaises.*

BROUSSE et AUDEBERT, rue Richelieu et rue Feydeau, n. 34.

BURDET, boulevard Poissonnière. n. 14.

CAUDRILLIER et Copm. rue du Bac, n. 4. *A Jean de Paris.*

CAULIÉ (madame), passage du Caire, n. 9 et 44.

CAVAILLON (madame), galerie de pierre, Palais-Royal, n. 138.

CAVALIER FLEURY, rue Neuve des Petits-Champs, n. 28.

CHAMPEAUX (mesdemioselles), *idem*, n. 19.

COIIIEZ frères, rue Montmartre, n. 110. *A la Vestale.*

DELEZNNET jeune et Comp., boulevard des Italiens, n. 9. *Aux Bayadères.*

DECOUTURE et comp. (mesdemoiselles), galerie De lorme, n. 26.

DESABIE l'aîné et Comp., rue de Bussy, n. 23. *Aux Magots.*

DRÉCOURT (mademoiselle), galerie Delorme, n. 5.

DURET et Comp., rue de Seine St.-Germain, n. 85. *Au Grand-Condé.*

DUVERNOY-D'ETILLY, rue des Petits-Champs, n. 65.

FANELLI (madame), rue de Richilieu, n. 69.

FAVIER (madame), Palais-Royal, galerie de pierre, n. 167.

GAIGNAT, *idem*, galerie de bois, n. 225.

GROS-JEAN-MEAUZÉ et Comp., rue de la Mounnaie, n. 9 et 11. *Au Diable Boiteux, et à la Fille Mal Gardée.* Maison du *Journal de Paris.*

GUIZE et Comp., galerie Vero-Dodat, n. 18, 20 et 22. A *la compagnie des Indes.*

HENNEQUIN (madame), rue Neuve des Petits Champs, n. 4.

HOUDART-CARTIER (madame), rue Saint-Honoré, n. 180.

IRLANDE, Palais-Royal, galerie de pierre, n. 28.

LEBRETON (madame), galerie Delorme, n. 15.

LECLERC (mademoiselle), rue de Richilieu, n. 71.

LEUBE (madame), passage de l'Opéra, nos 3 et 5.

LOYEUX (madame), carrefour de l'Odéon, n. 6.

LUCAS (mademoiselle Zélie), boulevard Montmartre, n. 10.

MAILLARD, rue de Richilieu, n. 63.

MANNOURY Beaupré, rue du Bac, n. 23; *au Petit Saint Thomas.*

MARMONT (mademoiselle Jenny), passage des Panoramas, n. 9.

MARQUANT LANGLOIS, rue du Bac, au coin de la rue de l'Université.

MARTINET (mademoiselle), Palais-Royal, Galerie de Bois, n. 223.

MONTROSE, fils, passage Dauphine (inventeur des cols à la Oscar).

MUIDEBLED (madame) Palais-Royal, Galerie de Bois, n. 245.

NÉREY, rue de Grammont, n. 7.

PERNHEIM, Palais-Royal, Galerie de Pierre, n. 18.

PELISSIER jeune, rue de la Paix, n. 30.

PERRIER jeune, rue Neuve des Petits-Champs, n. 44.

PIGUATTA (mademoiselle), rue de Richelieu, n. 18.

Raynauld, rue Neuve des Petits Champs, n. 55.

Saint-Laurent (madame), boulev. Poissonnière, n. 12.

Sauterne (mademoiselle), boulevard des Italiens, n. 21.

Svion (madame), pass. des Panoramas, n. 20 *bis*.

Soissons (Alph.), place de la Bourse; *au Mercure galant*.

Sorret (mademoiselle), Palais-Royal, Galerie de Bois, n. 225 *bis*.

Trilhé, rue Coquillère, n. 20; *au Diable d'argent*.

Veron, (madame), passage des Petits-Pères, n. 9.

Wiellajeus-Dupont (madame), rue de Richelieu, n. 55.

Kragen

Bauer, rue Vivienne, n. 15.

Coup, Palais-Royal, Galerie de Pierre, n. 48.

Detry fils, rue du Rempart, n. 6.

Gezel, rue de l'Échelle, n. 8.

118   Alphabetisches Verzeichnis

Gauthier, boulevard des Italiens, n. 5.

Hannoteaux, rue Sainte-Anne, n. 6.

Hanny Lefèvre, rue de Grammont, n. 28.

Lavalley (madame), passage Véro-Dodat, n. 14.

Neubauer, rue de Richelieu, n. 47.

Pouillier, Galerie Delorme, n. 8 et 10.

Razmann, rue Neuve Saint-Marc, n. 4.

Schey, rue de l'Échelle n. 5.

Serrait, passage des Panoramas, n. 6.

Spieglhater, rue de Richelieu, n. 37.

Walker, *id.*, n. 88, (bekam auf der Industrieausstellung 1823 eine Medaille für die Erfindung eines neuartigen Kragens.)

Wenzel, *id.*, n. 38.

Inhaltsverzeichnis

Seite

VORWORT DES HERAUSGEBERS, ODER ANLAGE DES WERKES.   5

Über die Krawatte;

Ihre Geschichte, betrachtet in bezug auf ihren etymologischen, philosophischen, medizinischen, inneren und äußeren, politischen, religiösen und militärischen Aspekt; betrachtet im Zusammenhang mit ihrem Einfluß und Gebrauch in der Gesellschaft von ihrem Ursprung bis hin zum heutigen Tage.   17

Über die Kragen;

Ihre Herkunft, ihre Nachteile, ihre Vorteile, ihre Stoffe, ihre Farben, ihre Formen und ihre Moden.   35

Inhaltsverzeichnis

Über den Gebrauch der schwarzen Krawatte
und die Verwendung von Halstüchern. 49

ERSTE LEKTION.

Unentbehrliche Vorkenntnisse. 49

ZWEITE LEKTION.

Der gordische Knoten. 56

DRITTE LEKTION.

Die orientalische Krawatte. 62

VIERTE LEKTION.

Die amerikanische Krawatte. 66

FÜNFTE LEKTION.

Die Krawatte «Collier de cheval». 68

SECHSTE LEKTION.

Die gefühlsbetonte Krawatte. 71

SIEBTE LEKTION.

Die Byronkrawatte. 74

ACHTE LEKTION.

Die Kaskadenkrawatte. 77

NEUNTE LEKTION.

Die Bergamikrawatte. 79

Inhaltsverzeichnis

ZEHNTE LEKTION.

Die Ballkrawatte. 82

ELFTE LEKTION.

Die mathematische Krawatte. 84

ZWÖLFTE LEKTION.

Die irische Krawatte. 86

DREIZEHNTE LEKTION.

Die Krawatte «à la Maratte». 88

VIERZEHNTE LEKTION.

Die Feinschmeckerkrawatte. 90

FÜNFZEHNTE LEKTION.

Achtzehn bis heute unbekannte Arten, seine Krawatte anzulegen.	94
Die Jagdkrawatte.	94
Die Dianakrawatte.	95
Die englische Krawatte.	ibid.
Die Unabhängigkeitskrawatte.	ibid.
Die Kofferkrawatte.	ibid.
Die Muschelkrawatte, genannt Jungfräulichkeit.	ibid.
Die Reisekrawatte.	98
Die Dörflerkrawatte.	ibid.
Die Springbrunnenkrawatte.	99

Inhaltsverzeichnis

Die Herzensbrecherkrawatte.	99
Die Faulenzerkrawatte.	ibid.
Die romantische Krawatte.	101
Die Treuekrawatte.	ibid.
Die Talmakrawatte.	103
Die italienische Krawatte.	ibid.
Die Diplomatenkrawatte.	103
Die russische Krawatte.	ibid.
Die Jesuitenkrawatte.	ibid.

SECHZEHNTE UND LETZTE LEKTION.

Wichtige Ratschläge.	105

SCHLUSSFOLGERUNG.

Über die Bedeutung der Krawatte in der Gesellschaft.	110

ALPHABETISCHES VERZEICHNIS

der Hersteller, Händlerinnen und Händler von Krawatten, Halstüchern und Kragen, die in der Hauptstadt in Mode sind, mit Adressen.	113
Krawatten und Halstücher.	113
Kragen.	117

Inhaltsverzeichnis

Nachwort des Herausgebers Stefan Thull	125
Quellennachweis	131
Deutsche Übersetzung zu den Tafeln	133
Tafel A und B	135
Tafel C und D	136
TAFELN UND ABBILDUNGEN	

Nachwort des Herausgebers
Stefan Thull

Im November 1987 brachte ich die erste vollständige deutsche Übersetzung des Klassikers „L'Art de mettre sa cravate" aus dem Jahre 1827 als Reproduktion heraus. Mein Bestreben war es, dieses Buch einer breiten Öffentlichkeit zugänglich zu machen, zeigt es doch in anschaulicher Weise und auf amüsante Art, welche Bedeutung dieses heute überflüssige, 'Stück Textil' zur damaligen Zeit hatte. Innerhalb von elf Monaten war diese Auflage – schneller als erhofft – vergriffen.

Der Wunsch nach einer zweiten Auflage kollidierte zeitlich mit meinem Bestreben, dieses Buch noch in anderen Sprachen herauszubringen. Aus der Überlieferung weiß man, daß es dieses Buch 1827 auch in Italienisch und Englisch gab. Also habe ich mich bemüht, auch diese Originale aufzuspüren. Es ist mir gelungen! Gleichzeitig mit der zweiten deutschen Ausgabe erscheint dieses Buch also auch in Englisch mit dem Titel „The Art of tying the cravat" und in Italienisch unter „L'Arte di mettere la propria cravatta". Außerdem konnte ich einen holländischen Geschäftsmann gewinnen, der die deutsche Ausgabe in seine Muttersprache übersetzen ließ. So gibt es nun einschließlich der französischen Ausgabe dieses Buch in bisher fünf Sprachen. Eine wesentliche Zusatzaufgabe zur Neuauflage bestand für mich darin, dem Gerücht nachzugehen, daß es sich bei dem vorliegenden Werk um eine eigenständige Arbeit des genannten Autors handle. Ich muß Sie enttäuschen: dem ist nicht so. Habe ich bei der ersten Ausgabe schon darauf hingewiesen, daß nicht Balzac der Autor ist, sondern sein Freund Emile Marc de Saint Hilaire, so muß ich jetzt den beiden ‚vorwerfen' daß sie dieses Buch abgeschrieben haben. Es gab schon einige Zeit vorher in England ein ähnliches Buch mit dem damals üblichen Sammelbegriff: Cra-

Nachwort des Herausgebers

vatiana. Von der englischen Ausgabe gab es eine französische Übersetzung und von der wiederum eine deutsche, die im Jahre 1823, also vier Jahre bevor Balzac anfing zu drucken, in Ilmenau gedruckt wurde. Vergleicht man die Textzeilen mit der vorliegenden Ausgabe von Balzac/Saint Hilaire, so lassen sich unschwer ganze Passagen erkennen, die offensichtlich abgeschrieben wurden. Inhaltlich sind in dem früheren Buch auch die gleichen Krawattenknoten beschrieben.

Der Erfolg des Buches der beiden Franzosen erklärt sich möglicherweise aus der Wahl des Titels.

Hieß die ursprüngliche Ausgabe noch „Cravatiana – oder neueste Halstuchtoilette für Herren", so machten die beiden „Die Kunst des Kravattenbindens" daraus. Es verwundert, daß man in der einschlägigen Literatur das ältere Buch nicht aufgeführt findet. Die Reproduktion eines eigenständigen Buches ist für einen Verleger heutzutage uninteressant, wenn die erste Hällfte des ursprünglichen Buches einen längeren Brief aus England enthält, der nur bedingt auf die eigentliche Thematik eingeht.

Sicherlich werde ich in Zukunft noch Gelegenheit haben, ganze Passagen aus dem Buch zu zitieren. Vorstellen könnte ich mir dieses beispielsweise bei meinem nächsten Vorhaben. Zusammen mit Klaus Dieter Müller werde ich im Frühjahr 1991 ein neues Buch herausbringen: Das Krawattenbuch! Darin wollen wir die ganze Bandbreite dieses ‚unnützen' Kleidungsstückes aufzeigen. Von der Geschichte der Krawatte, über die Psychologie der Krawattenträger, zur Krawatte in der Kunst, Krawattenschmuck, Krawattenliteratur und vieles mehr.

Krawattivitäten - Interessierte und solche, die es werden wollen, sind mir sicherlich für folgenden Hinweis dankbar. Für 1990 wird es den ersten Krawatten-Kunst-Kalender geben. Es war mir eine besondere Ehre, dem herausgebenden renomierten Kalenderverlag Dr. Rudolf Georgi, Aachen, dabei zur Seite zu stehen. Für 1991 ist bereits eine Fortsetzung geplant. Durch all diese Aktivitäten brachte ich im letzten Jahr die Kravatte vielerseits erneut ins Gespräch. Ich würde mich freuen, allen dafür Interessierten mit meinen Arbeiten eine bis heute noch nie dagewesene Bandbreite von Variationen zu einem Thema vorzustellen, welches schon Jahrtausende aktuell ist, aber Literatur-oder Kunstmäßig bis jetzt kaum aufgearbeitet wurde.

Mein besonderer Dank gilt Dieter Arenz, der mir ein verlässlicher Partner war und hoffentlich noch lange bleiben wird.

Zum Schluß bleibt mir nichts anderes übrig, als Ihnen beim Lesen dieses Buches viel Spaß zu wünschen, in der Hoffnung, die Einstellung „Krawatte tragen zu müssen" sein es im privaten, beruflichen oder gesellschaftlichen Bereich, etwas positiver, vergnüglicher zu sehen.

Dann hätten Sie meinen Wunsch erfüllt.

Bonn, im Juli 1989

stefan thull

Quellennachweis

— Baron Émile de L'Empésé, „L'Art de mettre ca cravate", Paris 1827

— div. Autoren, „Plaudereien über die Krawatte", Berlin 1937

— F.W. Koebner, „Der Gentleman", Berlin 1913

— Giovanni Noletti, „Elogio della cravatta", Mailand 1982

— Arne Häggqvist, „Kravatten som lust och last", Stockholm 1978

— von Eelking, „Lexikon der Herrenmode", Göttingen 1960

— Annemarie Kleinert, „Balzac et la presse de son temps: Ses œuvres et son activité vues par le ‚Journal des Dames et des Modes' in „L'Année Balzacienne", 1988

Annemarie Kleinert, „Die frühen Modejournale in Frankreich, von den Anfängen bis 1948", Berlin 1980

— Mosconi/Villarosa, „Fliegen und Krawatten", DuMont Köln 1984

Deutsche Übersetzung zu den Tafeln im Anhang

Zu den Tafeln

Tafel A

Abb. 1
Abb. 2+6 Hemdkragen
Abb. 3 russischer Kragen
Abb. 4 Fischbeinkragen
Abb. 5 kleines Bügeleisen

Tafel B

Abb. 6 Das Falten der Krawatte
Abb. 7 Erster Handgriff
Abb. 8 Zweiter Handgriff
Abb. 9 Dritter Handgriff
Abb. 10 Vierter Handgriff
Abb. 11 Fünfter Handgriff

Zu den Tafeln

Tafel C

Abb. 12	Die orientalische Krawatte
Abb. 13	Die amerikanische Krawatte
Abb. 14	Die Collier de cheval Krawatte
Abb. 15	Die gefühlsbetonte Krawatte
Abb. 16	Die Byron Krawatte
Abb. 11	Die Kaskadenkrawatte
Abb. 18	Die Bergamikrawatte
Abb. 19	Die Ballkrawatte
Abb. 21	Die irische Krawatte
Abb. 20	Die mathematische Krawatte
Abb. 22	Die Krawatte à la Maratte
Abb. 23	Die Feinschmeckerkrawatte

Tafel D

Abb. 32	Die Jesuitenkrawatte
Abb. 24	Die Jagdkrawatte
Abb. 25	Die Kofferkrawatte
Abb. 26	Die Muschelkrawatte
Abb. 27	Die Dörflerkrawatte
Abb. 28	Die Faulenzerkrawatte
Abb. 29	Die Talmakrawatte
Abb. 30	Die italienische Krawatte
Abb. 31	Die russische Krawatte